后卡扎菲时代利比亚国家重建问题研究
（2011—2021）

江涛 ◎ 著

世界知识出版社

图书在版编目（CIP）数据

后卡扎菲时代利比亚国家重建问题研究：2011—2021/
江涛著．--北京：世界知识出版社，2023.12
ISBN 978-7-5012-6697-5

Ⅰ.①后… Ⅱ.①江… Ⅲ.①国家建设—研究—利比亚—2011—2021 Ⅳ.①D741.3

中国国家版本馆 CIP 数据核字（2023）第 232511 号

责任编辑	刘豫徽
责任出版	李 斌
责任校对	张 琨

书　　名	后卡扎菲时代利比亚国家重建问题研究（2011—2021）
	Hou Kazhafeishidai Libiya Guojia Chongjian Wenti Yanjiu（2011—2021）
作　　者	江　涛
出版发行	世界知识出版社
地址邮编	北京市东城区干面胡同 51 号（100010）
经　　销	新华书店
网　　址	www.ishizhi.cn
电　　话	010-65233645（市场部）
印　　刷	北京虎彩文化传播有限公司
开本印张	880 毫米×1230 毫米　1/32　8¼印张
字　　数	150 千字
版次印次	2023 年 12 月第一版　2023 年 12 月第一次印刷
标准书号	ISBN 978-7-5012-6697-5
定　　价	68.00 元

版权所有　侵权必究

本书得到了中央财经大学政府管理学院科研创新团队支持计划项目（项目编号：ZG202103）、对外经济贸易大学北京对外开放研究院2021年首都高端智库决策咨询项目重大课题（项目编号：2021ZD01）的支持，特致谢忱！

目 录

- 001 **第一章 导言**
- 001 第一节 理论意义和现实意义
- 003 第二节 国内外研究现状
- 033 第三节 研究思路、方法与创新之处

- 038 **第二章 利比亚国家重建的历史背景**
- 039 第一节 利比亚：从史前到独立
- 045 第二节 利比亚国家发展：从王国到民众国
- 049 第三节 利比亚内战与卡扎菲政权的倒台
- 053 第四节 外部力量与利比亚内战

- 071 **第三章 后卡扎菲时代利比亚国家重建的进程**
- 072 第一节 利比亚政治重建
- 086 第二节 利比亚安全重建

109	第三节	利比亚经济重建
139	第四节	利比亚文化与社会重建

第四章 利比亚国家重建中的外部因素 …… 149

149	第一节	利比亚重建的主导性外部力量——联合国
192	第二节	利比亚重建的区域性力量——欧盟
209	第三节	利比亚重建的大国力量——俄罗斯

第五章 利比亚国家重建的特点与前景 …… 235

235	第一节	利比亚国家重建的特点
242	第二节	利比亚国家重建的主要影响因素与前景

253 　后记

第一章
导　言

第一节　理论意义和现实意义

冲突后重建问题是国际关系研究中古老又全新的问题。长期以来，国际社会一直都在试图解决一个问题：如何才能减少甚至消除冲突和危机。而减少国家之间和国内冲突的核心问题是如何建立一个稳定与和谐的社会和一个强有力的政府和机制。从广义上说，干涉、集体安全机制、维和行动和战后重建都可以纳入重建问题的范畴。二战结束以来，联合国、欧盟、美国等国际组织或者大国在包括德国、日本、伊拉克和阿富汗在内的近20个国家进行了冲突后的国家重建活动，这些行动不仅对目标国的政治、经济和文化产生了重要影响，而且在一定程度上重塑着主导国的外交政策和地区的国际关系。

2011年，利比亚反对派在美西方的支持下推翻了利比亚的卡扎菲政权。不久，反对派建立了新的政权，利比亚进入了冲突后的重建时代。2023年，利比亚的冲突后重建进入了第12个年头，然而，利比亚依然看不到和平的曙光。

后卡扎菲时代的利比亚国家重建超过了10年，其政治、经济、安全和文化的重建进程如何？在利比亚重建进程中，外部力量发挥着怎样的作用？与历史上的国家重建相比，利比亚的冲突后重建有着怎样的特点？这些问题都需要在深入研究的基础上寻找答案。

2011年，利比亚冲突爆发前，中国在利比亚承包的大型项目一共有50个，涉及合同金额188亿美元，[①]2018年，利比亚也与中国签署了共建"一带一路"谅解备忘录，是中国在中东和北非地区的重要合作伙伴。同时，作为联合国安理会的常任理事国，利比亚问题还事关中国的国际地位和作为负责任的大国的国际形象。

因此，研究利比亚冲突后重建问题不仅能进一步丰

[①] 《商务部召开例行新闻发布会（2011年3月22日）》，商务部网站，2011年3月22日，http://www.mofcom.gov.cn/aarticle/ae/ah/diaocd/201103/20110307459665.html。

富发展中的冲突后理论，而且可以直接服务于中国的外交决策，指导中国与主要大国关系的实践，具有重要的理论意义和现实意义。

第二节　国内外研究现状

一、国内研究的现状

国内关于利比亚冲突后重建的研究目前还处在起步阶段，相关的文章和著作不多。

在著作方面，首先，国内已经出版或者翻译了一些有关利比亚历史的著作。例如，罗纳德·布鲁斯·圣约翰主编的《利比亚史》以编年体的形式，以利比亚名称的起源、其史前历史为起点，讲述了利比亚三千多年的历史，对利比亚的政治、经济、文化及社会发展历程进行了比较全面的解读；[①] 潘蓓英编著的《列国志：利比亚》是国内少有的比较全面介绍利比亚的综合性书籍；[②]

[①] 罗纳德·布鲁斯·圣约翰：《利比亚史》，韩志斌译，中国出版集团东方出版中心，2011。

[②] 潘蓓英编著：《列国志：利比亚》，社会科学文献出版社，2007。

韩志斌教授等著的《利比亚史》，是由中国学者撰写的一部较为完备的利比亚通史，该书梳理了利比亚自古迄今的历史演进脉络，系统介绍了利比亚的自然环境、社会与经济面貌、历史沿革与政治发展，展现了利比亚在不同历史阶段发展演进的特点，涉及利比亚古代文明的历史交往、本土王朝与奥斯曼帝国的互动以及内外力量竞逐下的利比亚构建等。①

其次，国内也有学者出版了对利比亚某个特定问题的专著。王金岩的专著《利比亚部落问题的历史考察》从历史的维度考察了利比亚的部落问题，认为利比亚的发展进程中时时处处显示出部落因素的影响作用，部落体制是利比亚的一种重大的政治和社会结构。该书有一部分也涉及了冲突后重建问题。② 西北大学的韩志斌等著的《利比亚伊斯兰社会主义研究》通过民族主义、国家构建、现代化、城市化和国际关系等理论视角，将宏观阐述与微观思考相结合，以历史脉络流变和重大专题叙述相呼应，对利比亚伊斯兰社会主义进程中的一些重大问题进行了深入细致的专题研究。③ 韩志斌等著的

---

① 韩志斌等：《利比亚史》，商务印书馆，2022。
② 王金岩：《利比亚部落问题的历史考察》，社会科学文献出版社，2018。
③ 韩志斌等：《利比亚伊斯兰社会主义研究》，浙江人民出版社，2014。

《阿拉伯社会主义国家治理的历史考察》中有一部分内容涉及利比亚的伊斯兰社会主义。①

最后,对于利比亚冲突后的情况,国内学者也有追踪研究。黄民兴主编的《中东形势与战略(2018)》,韩志斌、李玮主编的《中东形势与战略(第二辑)》和《中东形势与战略(第三辑)》初步介绍了2018年、2019年和2021年利比亚重建的基本情况;而张金平的《三重张力与国家重建:以西亚北非六国为例》中有专门的章节借助张力关系分析了利比亚重建过程中的社会、政治力量等内在层面的张力以及社会与政治事件具有的拉力与牵引力之间的博弈过程。②

在期刊论文方面,学者们首先对利比亚冲突和外部干预本身作了初步的分析。冲突爆发后,《欧洲研究》组织了在相关领域几位专家从不同角度分析了奥巴马发动利比亚战争的动因、"地中海联盟"计划与利比亚危机、德国利比亚危机政策、北约接管并实施对利比亚军事行动与美欧跨大西洋联盟走势、利比亚战争的影响、

---

① 韩志斌等:《阿拉伯社会主义国家治理的历史考察》,中国社会科学出版社,2019。
② 黄民兴:《中东形势与战略(2018)》,社会科学文献出版社,2018;韩志斌、李玮主编《中东形势与战略(第二辑)》,时事出版社,2019;韩志斌、李玮主编《中东形势与战略(第三辑)》,时事出版社,2021;张金平:《三重张力与国家重建:以西亚北非六国为例》,时事出版社,2022。

利比亚危机与欧盟行动关系、西方意识形态霸权与利比亚战争干涉的义务、从利比亚撤侨看中国海外国家利益的保护、对利比亚使用武力的合法性等。①

不少学者分析了欧盟和欧盟国家以及北约在利比亚冲突中外部力量的作用。吴弦的文章《欧盟国家利比亚军事干预解析》分析了欧盟国家利比亚军事干预，指出对利比亚的军事干预中，历来以经济整合和软实力见长的欧盟国家，一反冷战后追随美国动武的定式，发挥了至关重要的推动作用。② 郑春荣的文章《利比亚危机以来德国安全政策的新动向》聚焦于利比亚危机以来德国安全政策的新动向，认为克制文化、联盟团结和内政驱动等因素的相互作用，致使德国的外交与安全政策从两德统一以来，正逐步走向有限的正常化。③ 贺刚的文章

---

① 阎学通：《奥巴马发动利比亚战争的动因》；冯绍雷：《"地中海计划"与利比亚危机》；闫瑾：《德国利比亚危机政策分析》；叶江：《北约接管并实施对利比亚军事行动与美欧跨大西洋联盟走势》；吴弦：《利比亚危机与欧盟行动刍议》；朱立群：《利比亚危机考验欧盟塑造国际秩序的能力》；张浚：《从利比亚危机再看"欧盟是怎样的力量"》；田德文：《西方意识形态霸权与利比亚战争》；赵晨：《"干涉的义务"与利比亚危机》；吴志成：《从利比亚撤侨看中国海外国家利益的保护》；程卫东：《对利比亚使用武力的合法性分析》，《欧洲研究》2011年第3期。

② 吴弦：《欧盟国家利比亚军事干预解析》，《欧洲研究》2012年第2期。

③ 郑春荣：《利比亚危机以来德国安全政策的新动向》，《德国研究》2013年第2期。

《欧盟对外干预政策研究——以利比亚剧变为例》以利比亚剧变为例,探讨了欧盟对外干预政策,认为欧盟及其成员国在国际社会中并不是纯粹通过使用软力量达到目的,在必要时也会综合运用军事以及非军事的手段来获取自己的利益。① 魏光启的文章《北约域外行动之利比亚模式》总结了北约域外行动的利比亚模式,认为北约参与利比亚战争的进程表明,其域外行动日益朝着常态化方向发展,这是冷战结束后北约获得持续生命力的主要发展方向之一。② 而李梦佳等的文章《利比亚战争以来法国对非干涉政策新趋势》认为,法国在非洲事务上一直扮演十分活跃的角色,对非政策是其对外政策的主要支柱之一,利比亚战争以来,法国对非干涉政策开始呈现出新的特点。③

韩志斌的文章《利比亚政治危机的历史探溯》分析了利比亚政治危机的历史根源,认为利比亚政治危机是北非政治危机"滚雪球效应"引发的利比亚国内政治斗争的扩大化,外来力量尤其是北约的干预直接放大了这

---

① 贺刚:《欧盟对外干预政策研究——以利比亚剧变为例》,《国际关系研究》2013年第6期。
② 魏光启:《北约域外行动之利比亚模式》,《郑州航空工业管理学院学报(社会科学版)》2014年3期。
③ 李梦佳、房乐宪:《利比亚战争以来法国对非干涉政策新趋势》,《亚非纵横》2014年第4期。

种效应。① 蒲瑶的《利比亚内乱的部落文化解读》从部落文化解读了利比亚内乱，她认为利比亚的内乱揭示出该国长期存在的内部分歧，引发了人们对利比亚正式和非正式组织角色尤其是部落族群在其政治生活中的角色与影响的关注。部落林立和殖民历史致使利比亚一直处于无国家状态，而利比亚国家形态的破坏性本质又使部落忠诚得以进一步延续。②

随着利比亚重建进程的深入，不少学者开始关注这一问题，出现了一些从不同角度分析利比亚重建的文章。

首先，学者们关注了利比亚的政治重建。王金岩的文章《利比亚战后政治重建诸问题探究》初步探讨了战后利比亚政治重建的诸多问题，认为政治重建是确立战后利比亚国家属性和发展定位的核心议题。卡扎菲政权垮台两年有余，利比亚政治重建进程却裹足不前、徘徊不定，仍处于初创和起步阶段。利比亚战后重建取决于诸多因素，其中，建立政权的合法性、权威性和政治包容性是衡量政治重建进展的关键要素。利比亚政治重建

---

① 韩志斌：《利比亚政治危机的历史探溯》，《阿拉伯世界研究》2012年第2期。

② 蒲瑶：《利比亚内乱的部落文化解读》，《世界民族》2013年第1期。

第一章 导言

仍面临严峻挑战，前景充满变数。① 王金岩的文章《从独裁统治到权威碎裂——利比亚战争爆发四周年》介绍了 2011—2015 年利比亚的转型情况，认为四年的转型，利比亚国内并未实现预期的民主，而是从独裁统治沦为权威碎裂，国家渐趋空心化。② 她的另外一篇文章《试析利比亚战后的国家重建与政治发展》初步总结了利比亚战后十年的政治重建进程，认为利比亚的国家重建未获成功，逐渐陷于政权分裂、经济困顿和社会动荡，长期成为其所在区域和邻近区域的安全毒瘤。③ 江涛的文章《利比亚和伊拉克政治重建比较分析》对利比亚和伊拉克的政治重建进行了初步的比较，认为利比亚和伊拉克的政治重建既有同质性，也有较强的异质特征；利比亚的重建过程将是一个波折不断和渐进的过程。④

其次，学者们也对利比亚安全重建表现出浓厚的兴趣。王金岩的论文《利比亚乱局对非洲安全的影响》认

---

① 王金岩：《利比亚战后政治重建诸问题探究》，《西亚非洲》2014 年第 4 期。
② 王金岩：《从独裁统治到权威碎裂——利比亚战争爆发四周年》，《当代世界》2015 年第 4 期。
③ 王金岩：《试析利比亚战后的国家重建与政治发展》，《中东研究》2021 年第 2 期。
④ 江涛：《利比亚和伊拉克政治重建比较分析》，《亚非纵横》2013 年第 4 期。

为，利比亚战后，国家陷入严重的安全危局中。其国内的安全问题与国家重建相互掣肘，致使安全问题日益严重，国家重建停滞不前。利比亚的安全问题也通过多种途径对其所在和邻近地区的安全局势造成严重的负面影响，导致当前地区安全局势持续恶化且错综复杂。面对利比亚及地区安全危局，应首先致力于利比亚安全问题的解决，这需要国内和解、地区合作以及国际支持。地区安全治理任重道远，需要多方合力，且应与时俱进，并与全球恐怖治理密切配合。① 江涛的文章《后卡扎菲时代的利比亚国家安全治理》分析了后卡扎菲时代的利比亚国家安全治理，认为卡扎菲政权被推翻后，利比亚安全重建进展缓慢，目前已经陷入了游击队和武装组织失控、安全机制失范和地区安全结构失衡的困境。② 秦天的文章《利比亚民兵武装组织》运用一手资料比较系统地分析利比亚民兵武装的具体类别。③ 王晋、王金岩、郭强、刘云和江涛从不同的角度分析了利比亚的"伊斯

---

① 王金岩：《利比亚乱局对非洲安全的影响》，《阿拉伯世界研究》2015年第3期。
② 江涛：《后卡扎菲时代的利比亚国家安全治理》，《国际展望》2014年第3期。
③ 秦天：《利比亚民兵武装组织》，《国际研究参考》2014年第10期。

兰国"组织。①

再次，由于石油工业是利比亚经济的支柱，也有学者分析了冲突后的利比亚石油问题。刘云的文章《利比亚重建进程中的石油问题》认为，石油为卡扎菲政权带来了巨额收入，但国际油价的波动、西方的制裁以及国内石油利益的分配不公带来了严重的政治、经济问题，并导致卡扎菲政权最终覆灭。在后卡扎菲时代的利比亚石油政策中，石油产业的恢复与发展居于首要地位，同时在相当长的时期内利比亚石油产业必然向国际石油公司开放，而这种开放中的政治因素又使西方石油公司可以在重建中抢占先机。中国石油企业进入利比亚石油勘探与开采领域充满困难，但可以在石油服务行业中有所作为。② 付长生和王金岩的文章《利比亚石油工业重建在乱局中艰难前行》则认为，利比亚石油工业重建初期进展较快，油田复产超过预期；然而安保形势恶化，工

---

① 王晋：《"伊斯兰国"组织在利比亚的扩张及其制约因素》，《阿拉伯世界研究》2016年第3期；王金岩：《利比亚已成为"伊斯兰国"的"新中心"》，《当代世界》2016年第6期；郭强：《"伊斯兰国"在利比亚的扩张初探》，《国际研究参考》2016年第7期；刘云：《利比亚"伊斯兰国"组织的演变、威胁及前景》，《阿拉伯世界研究》2018年第6期；江涛：《利比亚"伊斯兰国"的威胁及应对之策》，《中东问题研究》2016年第1期。

② 刘云：《利比亚重建进程中的石油问题》，《西亚非洲》2012年第6期。

人罢工,民兵围攻炼油厂和出口终端,致使其石油生产和出口再次受挫。① 陈镜淋的文章《利比亚石油工业发展及政策分析》系统回顾了利比亚石油工业发展历程,总结其发展特点与经验,对利比亚战后经济发展前景进行了分析。② 王海滨等的文章《利比亚石油业发展状况与政治影响因素》认为,利比亚卡扎菲政权倒台后,国内不同地区、不同部落、不同派别之间的斗争错综复杂,国家建构阻力重重,石油生产和出口的恢复缓慢。③

最后,还有不少学者对利比亚重建中的外部力量作用以及利比亚的部落问题进行了分析。江涛的论文《联合国与利比亚重建:进程与前景》分析了利比亚重建中的联合国的角色,认为联合国的作用是有限的。④ 他的文章《后卡扎菲时代利比亚转型中的俄罗斯:从旁观者到调解人》则分析了后卡扎菲时代利比亚转型中的俄罗

---

① 付长生、王金岩:《利比亚石油工业重建在乱局中艰难前行》,《国际石油经济》2013年第12期。
② 陈镜淋:《利比亚石油工业发展及政策分析》,《西安石油大学学报(社会科学版)》2021年第5期。
③ 王海滨、周术情、姜霖、王珂、张溢:《利比亚石油业发展状况与政治影响因素》,《国际石油经济》2014年第12期。
④ 江涛:《联合国与利比亚重建:进程与前景》,《国际研究参考》2013年第5期。

斯的角色变化。① 王金岩的文章《利比亚战后乱局中的外部干预》分析了在重建中西方大国及地区多国的干预及其后果,认为2011年利比亚战争爆发,西方大国以"保护责任"名义对其实施军事干预,致其发生政权更迭。战后,西方大国及地区多国从自身利益出发,有选择地参与利比亚战后重建和冲突斡旋。外部干预加剧了利比亚的动荡和灾难,其外溢效应也殃及干预国自身。②

闫伟和韩志斌的文章《部落政治与利比亚民族国家重构》认为,利比亚在地缘文化上始终处于分裂状态,其社会结构具有部落化的特征。利比亚民族国家构建的核心是国家与部落关系的互动。利比亚政治重建启动后,可能形成一种包容不同部落和教派的新制度,实现民族国家构建的突破。③ 王金岩的文章《试析部落在利比亚历史进程中的作用》从历史视角分析利比亚部落的缘起和发展演变,探究部落在利比亚不同历史发展阶段的不同作用,进而揭示利比亚部落社会形态演进与现代化进

---

① 江涛:《后卡扎菲时代利比亚转型中的俄罗斯:从旁观者到调解人》,《西伯利亚研究》2021年第2期。
② 王金岩:《利比亚战后乱局中的外部干预》,《现代国际关系》2020年第3期。
③ 闫伟、韩志斌:《部落政治与利比亚民族国家重构》,《西亚非洲》2013年第2期。

程之间的关系。①

二、国外研究的现状

与国内的研究相比,国外对重建问题的研究要深刻得多,丰富得多。从20世纪50年代开始,学者们就开始关注美国在德国和日本的重建问题,他们运用一手材料,比较详细地分析了美国在日本和德国的占领时期政策的形成、实施和影响。②

"9·11"事件后,随着美国在阿富汗和伊拉克的重建活动的不断推进,美国掀起了新的研究高潮。美国学者和不少研究机构开始系统地对美国、联合

---

① 王金岩:《试析部落在利比亚历史进程中的作用》,《学术探索》2019年第8期。

② 这些文献主要包括 Edwin M. Martin, *The Allied Occupation of Japan* (New York: Chandler & Sharp, 1948); Carl J. Friedrich, *American Experiences in Military Government in World War* II (New York: Rinehart, 1948); Robert Wolfe, *Americans as Proconsuls: United States Military Government in Germany and Japan* (Carbondale, Illinois: Southern Illinois University Press, 1984); Alan S. Milward, *The Reconstruction of Western Europe 1945–51* (London: Methuen & Co. Ltd., 1984); John D. Montgomery, *Forced to Be Free: The Artificial Revolution in Germany and Japan* (Chicago: University of Chicago Press, 1957); Hans A Schmitt, *U. S Occupation in the Europe after World War* II (Lawrence, Kans: Regants Press of Kansas, 1978); Jerome B. Cohen, *Japan's Economy in War and Reconstruction* (Minneapolis: University of Minnesota Press. 1949)。

第一章 导言

国和其他国际行为体的重建行为进行研究，并从不同的角度来思考国家重建行为的有效性和合法性的问题，这些研究既有理论的思考，① 也有个案的研

---

① 这些文献主要包括 Nassrine Azimi and Chang Li Lin (eds.), *United Nations as Peacekeeper and Nation-Builder: Continuity and Change: What Lies Ahead?* (Leiden: Martinus Nijhoff for the UN Institute for Training and Research, Geneva and the Institute of Policy Studies, Singapore, 2005); Sultan Barakat, *Reconstructing War-Torn Societies: Afghanistan* (New York: Palgrave Macmillan, 2004); Sultan Barakat, *After the conflict: Reconstruction and Development in the Aftermath of War* (New York: Palgrave Macmillan, 2005); Jock Covey, *The Quest for Viable Peace: International Intervention and Strategies for Conflict Transformation* (Washington, D.C.: U.S. Institute of Peace Press, 2005); Francis Fukuyama, *State-Building: Governance and World Order in the 21st Century* (Ithaca: Cornell University Press, 2004); Ho Won Jeong, *Peacebuilding in Postconflict Societies: Strategy and Process* (Boulder: Lynne Rienner, 2005); Robert C. Orr, *Winning the Peace: An American Strategy for Post-Conflict Reconstruction* (Washington, D.C.: Center for Strategic and International Studies Press, 2004); David Chandler, *International Statebuilding: The Rise of Post-Liberal Governance* (London and New York: Routledge, 2010); Julia Raue and Patrick, *Sutter Facets and practices of state-building* (Leiden; Boston: Martinus Nijhoff Publishers, 2009); Anders Themnér, *Violence in Post-Conflict Societies: Remarginalization, Remobilizers and Relationships* (London: Routledge, 2011); Roland Paris, *At War's End: Building Peace after Civil Conflict* (Cambridge: Cambridge University Press, 2004); Gary T. Dempsey & Roger W. Fontaine, *Fool's errands: America's Recent Encounters with Nation Building* (Washington, D.C.: Cato Institute, 2001); Jock Covey, *The Quest for Viable Peace: International Intervention and Strategies for Conflict Transformation* (Washington, D.C.: U.S. Institute of Peace Press, 2005); Chester A. Crocker, Fen Osler Hampson, and Pamela Aall, *Turbulent Peace: The Challenges of Managing International Conflict* (Washington, D.C.: United States. Institute of Peace Press, 2001)。

究,① 还有从政治经济学的角度来解释重建问题。②

与国内的研究一样,在西方国家开始干预利比亚并推翻卡扎菲政权后,学者们也将研究视角投向利比亚重建问题。总体来看,国外关于利比亚重建问题的研究主要分为三类:一是相关智库的报告,二是国外中东问题专家出版的专著,三是学者们在主流期刊发表的文章。

首先,在智库报告方面,不少智库对利比亚重建问题有持续的关注。比利时国际危机组织(International Crisis Group)从2011年至2021年先后推出了11个报告,从不同角度分析了冲突后不同时期的利比亚政治重建、安全形势、石油问题以及外部力量的干预与调解等

---

① 这些文献主要包括 Fukuyama Francis, *Nation-Building: Beyond Afghanistan and Iraq* (Baltimore: Johns Hopkins University Press, 2006); Aidan Hehir, *Kosovo, Intervention and Statebuilding: The International Community and the Transition to Independence* (London and New York: Routledge, 2010); James Dobbins, *America's Role in Nation-Building: From Germany to Iraq* (Santa Monica, California: Rand, 2003); James Dobbins, *The UN's Role in Nation-Building: From the Congo to Iraq* (Santa Monica, California: Rand, 2005); James Dobbins, *Europe's Role in Nation-Building: From the Balkans to the Congo* (Santa Monica, California: Rand, 2008); Antonio Donini, Norah Niland, and Karin Wermester, *Nation-building Unraveled: Aid, Peace and Justice in Afghanistan* (Bloomfield, CT: Kumarian Press, 2004)。

② Christopher J. Coyne, *After War: The Political Economy of Exporting Democracy* (Stanford, CA: Stanford University Press, 2008).

第一章 导言

诸多问题。① 美国著库兰德公司（RAND）也有多个关于利比亚重建及其相关问题的报告。克里斯托弗·奇夫维斯等的报告《后卡扎菲时代利比亚的转型：国家建设挑战》比较详细地分析了卡扎菲被推翻一年后利比亚安

---

① 这些报告包括 International Crisis Group（ICG），*Holding Libya Together: Security Challenges after Qadhafi*, December 14, 2011, Middle East/North Africa Report No. 115, https://www.refworld.org/docid/4ee9a7782.html; International Crisis Group（ICG），*Divided We Stand: Libyas Enduring Conflicts*, September 14, 2012, Middle East/North Africa Report No. 130, https://www.refworld.org/docid/505341132.html; International Crisis Group（ICG），*Libya: Getting Geneva Right*, February 26, 2015, Middle East and North Africa Report No. 157, https://www.refworld.org/docid/54f027d54.html; International Crisis Group（ICG），*The Prize: Fighting for Libya's Energy Wealth*, December 3, 2015, Middle East and North Africa Report No. 165, https://www.refworld.org/docid/56613f954.html; International Crisis Group（ICG），*The Libyan Political Agreement: Time for a Reset*, November 4, 2016, Middle East and North Africa Report No. 170, https://www.refworld.org/docid/58246f2b4.html; International Crisis Group（ICG），*How Libya's Fezzan Became Europe's New Border*, July 31, 2017, Middle East and North Africa Report No. 179, https://www.refworld.org/docid/59831c6b4.html; International Crisis Group（ICG），*After the Showdown in Libya's Oil Crescent*, August 9, 2018, https://www.refworld.org/docid/5c07a99b4.html; International Crisis Group（ICG），*Addressing the Rise of Libya's Madkhali-Salafis*, April 25, 2019, Middle East and North Africa Report No. 200, https://icg-prod.s3.amazonaws.com/200-libyas-madkhali-salafis.pdf; International Crisis Group（ICG），*Of Tanks and Banks: Stopping a Dangerous Escalation in Libya*, May 20, 2019, Middle East and North Africa Report No. 201, https://icg-prod.s3.amazonaws.com/201-of-tanks-and-banks.pdf; International Crisis Group（ICG），*Turkey Wades into Libya's Troubled Waters*, April 30, 2020, Middle East and North Africa Report No. 257, https://icg-prod.s3.amazonaws.com/257-turkey-libya-troubled-waters.pdf; International Crisis Group（ICG），*Libya Turns the Page*, May 21, 2021, Middle East and North Africa Report No. 222, https://icg-prod.s3.amazonaws.com/222-libya-turns-the-page.pdf, accessed March 29, 2023。

全、政治、经济等方面所面临的挑战。① 德国的智库贝塔斯曼基金会（Bertelsmann Stiftung）从 2010 年开始每隔两年推出一份利比亚的转型报告，从政治、经济和治理三个维度描述利比亚的转型状况。②

其次，在专著方面，长期关注利比亚问题使国外中东问题学者出版了不少与利比亚重建问题相关的专著。

在这些专著中，学者们首先对利比亚战争及其后果学者进行了热烈的讨论。亚斯敏·纳拉维的专著《利比亚和叙利亚的保护责任：大规模暴行、人权保护和国际法》从国际法律角度探讨"保护责任"，并分析了"保护责任"在利比亚和叙利亚冲突中的应用。③ 杰森·帕克的专著《利比亚和全球的持久混乱》分析了利比亚战争的全球影响，认为我们不再居住在一个由国际协调、统一的北约集团或美国霸权统治的世界，利比亚国内的

---

① Chivvis, Christopher S., Keith Crane, Peter Mandaville, and Jeffrey Martini, *Libya's Post-Qaddafi Transition: The Nation-Building Challenge*, RAND Corporation, 2012, accessed March 29, 2023, https://www.rand.org/content/dam/rand/pubs/research_reports/RR100/RR129/RAND_RR129.pdf.

② Bertelsmann Stiftung, *Bertelsmann Stiftung's Transformation Index (BTI), Country Report: Libya*, Gütersloh: Bertelsmann Stiftung, 2010, 2012, 2014, 2016, 2018, 2020, 2022.

③ Yasmine Nahlawi, *The Responsibility to Protect in Libya and Syria: Mass Atrocities, Human Protection, and International Law* (London: Routledge, 2021).

第一章　导言

冲突是全球失序的重要体现。① 克里斯托弗·奇夫维斯的著作《推翻卡扎菲：利比亚和自由主义干预的局限性》详细地分析了美国和北约在利比亚冲突的作用，认为美国赢得了战争的胜利，但是未来利比亚模式的可复制性仍有疑问。② 布伦丹·加拉格尔（Brendan R. Gallagher）的专著《战后：为什么美国赢得战争却失去和平》试图回答"9·11"以来，为什么美国在战场上取得了巨大的胜利，但战后的重建却以失败而告终。加拉格尔认为，美国在创建一个新的民主国家的愿望和尽快撤出的竞争愿望之间存在着紧张关系，这种紧张关系是造成失败的原因。③ 达格·亨里克森等主编的《利比亚战争的政治理由和国际后果》聚焦了2011年对利比亚的国际干预，探究了不同国家和国际组织在利比亚冲突中的立场和作用，分析了利比亚冲突的影响，认为各个行为体卷入利比亚冲突是基于其自身利益的精心计算的

---

① Jason Pack, *Libya and the Global Enduring Disorder* (London: Oxford University Press, 2022).

② Christopher S. Chivvis, *Toppling Qaddafi: Libya and the Limits of Liberal Intervention* (New York: Cambridge University Press, 2013).

③ Brendan R. Gallagher, *The Day After: Why America Wins the War but Loses the Peace* (Ithaca, NY: Blackstone Publishing, 2019).

结果。① 前联合国官员伊恩·马丁的著作《采取一切必要措施？联合国和国际社会对利比亚的干预》分析了2011—2012年联合国和国际社会对利比亚的干预的利弊，他认为，通过谈判解决利比亚危机的努力可能会不可避免地失败，但是国际社会从未认真地尝试过。外部势力必须为利比亚陷入内战承担大部分责任。②

此外，不同的学者从不同视角分析了利比亚冲突后的重建进程。有学者介绍了利比亚冲突后的局势发展，分析了利比亚逐渐走向失控和混乱的原因。雅各布·蒙迪的专著《利比亚》是2011年以来比较早的解释冲突后利比亚局势的书，作者考察了反卡扎菲的原因及导致该国陷入混乱的根源。③ 彼得·科尔等编辑的论文集《利比亚革命及其后果》讲述了从2011年2月班加西爆发抗议活动到2011年10月内战结束后的过渡时期，利比亚的多个城市、社区和政治团体如何参与冲突的进程。④ 乌尔夫·莱辛的《理解卡扎菲以来的利比亚》分析了

---

① Dag Henriksen & Ann Karin Larssen, *Political Rationale and International Consequences of the War in Libya* (Oxford: Oxford University Press, 2016).

② Ian Martin, *All Necessary Measures? The United Nations and International Intervention in Libya* (London: Hurst, 2022).

③ Jacob Mundy, *Libya* (Cambridge: Polity, 2018).

④ Peter Cole and Brian McQuinn (eds.), *The Libyan Revolution and Its Aftermath* (New York: Oxford University Press, 2015).

2011年利比亚内战爆发的原因，认为利比亚的历史起源、地区分歧和外部力量的干涉等多种因素交织在一起，造成了利比亚在后卡扎菲时代再次陷入混乱。① 沃尔夫勒姆·拉赫的《碎片化的利比亚：暴力冲突中的结构和过程》分析了利比亚冲突后的内部分裂和政治分化的情况，对有关利比亚部落在内战中的作用的广泛假设提出质疑，指出战争改变了先前存在的社会结构。基于对冲突中关键行为者的数百次采访，拉赫提出了一种研究内战的新方法，将行为者的社会关系置于分析的中心，并探索暴力冲突和社会凝聚力之间的关系。②

有不少学者考察了利比亚的政治重建。多哈研究生学院易卜拉欣·弗莱哈特的《未完成的革命：阿拉伯之春后的也门、利比亚和突尼斯》认为在经历了冲突之后，也门、利比亚和突尼斯这些国家必须重视包容性的民族和解进程，其中包括全国对话、寻求真相的努力、对受害者过去的伤害进行赔偿、处理前政权以及机构改革，否则无法完成"革命的任务"。③ 娜笛·施内茨勒的

---

① Ulf Laessing, *Understanding Libya since Gaddafi* (London: Hurst, 2020).

② Wolfram Lacher, *Libya's Fragmentation: Structure and Process in Violent Conflict* (London: I. B. Tauris, 2020).

③ Ibrahim Fraihat, *Unfinished Revolutions: Yemen, Libya, and Tunisia after the Arab Spring* (New Haven and London: Yale University Press, 2016).

《阿拉伯之春中的利比亚：卡扎菲倒台后的宪法之争》概述了2011年以来利比亚关于新宪法的争论。作者认为，过渡立法机构的成员及其民兵支持者，非政府组织的代表和在政治方面有影响力的伊斯兰教人物是利比亚宪法制定过程的关键参与者，各方的主要分歧是民主、联邦制与权力下放、宗教在政治中的作用、妇女和少数群体的权利。此外，后卡扎菲时代非政府组织兴起致使各方在诸多重要问题上难以达成共识。[1]

此外，还有学者讨论了利比亚的安全结构的变化以及利比亚的地方军事领导人的作用。拉马赞·埃尔达的《阿拉伯之春中的利比亚：从革命到不安全》研究了2011年北约干预前后的利比亚安全架构。作者认为，北约对卡扎菲政权的军事打击极大地改变了利比亚的权力结构，反对派武装利用空袭和对叛军的军事支持推翻了卡扎菲。在重建时代，利比亚的友好和敌对关系是由旧政权支持者和革命团体共同塑造的。利比亚一方面试图通过过渡政府建立一个基于权力平等分配和尊重人权的新国家；另一方面又要确保国家能够控制所有民兵和武装团体。在后卡扎菲时代，利比亚各方缺乏集体共识和

---

[1] Nadine Schnelzer, *Libya in the Arab Spring: The Constitutional Discourse since the Fall of Gaddafi* (Wiesbaden: Springer VS, 2015).

第一章 导言

政治意愿，这导致了国家建设努力失败。① 约翰·奥克斯的《军阀：哈利法·哈夫塔尔和利比亚的未来》系统地介绍了利比亚重要的地方军阀哈利法·哈夫塔尔的成长历史、崛起进程以及其对未来利比亚的影响。作者认为，哈夫塔尔是利比亚一位极具魅力同时又极具争议的人物，已经并将继续对利比亚的未来产生重要的影响。②

不少学者还从比较的角度分析了利比亚重建与其他国家转型的异同。萨宾娜·亨内贝格的专著《管理转型：突尼斯和利比亚冲突后的第一阶段》分析了突尼斯和利比亚2011年冲突后成立的第一个临时政府的形成因素以及临时政府的措施，指出冲突后建立的政府及其所作所为对于冲突后的转型至关重要。③ 泰勒的专著《军队对阿拉伯起义的反应和中东地区军民关系的未来：来自埃及、突尼斯、利比亚和叙利亚的分析》分析了阿拉伯国家军队对2011年开始的内部冲突的反应，通过对埃及、突尼斯、利比亚和叙利亚军队的案例分析，解释了

---

① Ramazan Erdağ, *Libya in the Arab Spring: From Revolution to Insecurity* (New York: Palgrave Macmillan, 2017).

② John Oakes, *War Lord: Khalifa Haftar and the Future of Libya* (Stroud: Amberley Publishing, 2021).

③ Sabina Henneberg, *Managing Transition: The First Post-Uprising Phase in Tunisia and Libya* (Cambridge & New York: Cambridge University Press, 2020).

军队为什么会分裂、支持当权的政权或罢免其总统。①

对于利比亚重建的外部因素，学者们也有涉及。卡里姆·梅兹兰等的《利比亚危机中的外国力量》分析了利比亚重建进程中的国际行为体（邻国和海湾国家、欧洲国家、俄罗斯和美国）所发挥的具体作用。② 斯特凡诺·马尔库齐的《欧盟、北约和利比亚冲突：失败的根源》探讨了欧盟和北约在利比亚冲突中和冲突后的作用。作者指出，缺乏安全感是利比亚稳定、暴力和内战再起的关键驱动因素，尽管利比亚的危机对欧洲和跨大西洋在该地区的利益构成了严重的挑战，但欧盟和北约组织没有能够帮助利比亚稳定该国的局势，原因在于欧盟和北约在使用硬实力的时候首先考虑合法性，而不是自身的战略需要；欧盟过度依赖其规范性以及北约无意在北非介入危机管理。③

最后，除了智库报告和学者专著之外，国外相关期刊也有不少文章从政治重建、安全重建、经济重建和外

---

① W. Taylor, *Military Responses to the Arab Uprisings and the Future of Civil-Military Relations in the Middle East: Analysis from Egypt, Tunisia, Libya, and Syria* (New York: Palgrave Macmillan, 2014).

② Karim Mezran, Arturo Varvelli, *Foreign Actors in Libya's Crisis* (Milano: Ledizioni, 2017).

③ Stefano Marcuzzi, *The EU, NATO and the Libya Conflict: Anatomy of a Failure* (New York: Routledge, 2021).

第一章 导言

部力量的角色等方面分析了利比亚的冲突后重建。

第一，国外期刊中有不少文章分析了利比亚的政治重建进程。卡门·格哈和弗雷德里克·沃尔皮的文章《2011—2014年利比亚的宪政和政治秩序：关于历史和新宪法的三个神话》分析了冲突后的宪政活动的黄金时代。作者认为，2011—2013年利比亚短暂的相对和平与稳定时期是宪法活动的"黄金时代"，利比亚执政当局必须建立新的治理体系、保证公民自由，着手解决利比亚南部的移民和公民身份问题，实现利比亚西部与东部的和解，处理好利比亚东部的自然资源。① 诺雷丁·贾布恩的文章《摆脱混乱：利比亚国家建设中的关键问题》认为利比亚目前混乱的原因在于其未能建立一个现代国家，当局需要通过制度安排部落结构等非正式行为体和包括武装团体在内的准自治行为体。后卡扎菲时代的冲突更多的是出于对国家资源的获取和控制的激烈争夺，而不是意识形态价值本身。② 优素福·穆罕默德·萨瓦尼的文章《后卡扎菲时代的利比亚：各方的互动和

---

① Carmen Geha & Frédéric Volpi, "Constitutionalism and Political Order in Libya 2011-2014: Three Myths about the Past and a New Constitution," *The Journal of North African Studies* 21, no. 4 (2016): 687-706.

② Noureddine Jebnoun, "Beyond the Mayhem: Debating Key Dilemmas in Libya's Statebuilding," *The Journal of North African Studies* 20, no. 5 (2015): 832-864.

政治的未来》初步研究了后卡扎菲时代利比亚国内各种力量的互动及其对政治转型的影响。① 西奥查里斯·N.格里戈里亚迪斯·瓦利德·卡西姆的文章《利比亚冲突的地区起源》从利比亚三个区域的角度探讨了利比亚冲突的原因，认为的黎波里塔尼亚和昔兰尼加两个地区在历史上遵循了两条截然不同的政治发展和社会经济转型道路。尽管昔兰尼加对利比亚经济具有重要意义，但是卡扎菲政权在政治上将其边缘化。利比亚冲突在很大程度上是由于的黎波里塔尼亚和其他两个地区（特别是昔兰尼加）的巨大差距造成的。② 列奥尼德·伊萨耶夫和安德烈·扎哈罗夫的文章《阿拉伯之春后利比亚的分权》重点分析了利比亚冲突后的权力分散化。③ 马蒂娅·托尔多的文章《去中心化的威权主义？国际干预、新"革命者"和后卡扎菲时代利比亚的演变》指出，2011年，利比亚成为阿拉伯危机中唯一一个北约进行军事干预的国家，表面上是为了保护平民，但实际上是为了支持反对派利比亚"全国过渡委员会"（以下简称"过渡

---

① Youssef Mohammad Sawani, "Post-qadhafi Libya: Interactive Dynamics and the Political Future," *Contemporary Arab Affairs* 5, no. 1 (2012): 1-26.

② Theocharis N. Grigoriadis Walied Kassem, "The Regional Origins of the Libyan Conflict," *Middle East Policy* 28 (2021): 119-129.

③ Leonid Issaev and Andrey Zakharov, "Decentralization in Libya after the Arab Spring", *Middle East Policy* XXVII, no. 1 (2020): 56-70.

委")。① 自2011年以来,利比亚已经从卡扎菲的集权专制主义过渡到新的分权专制主义,多个权力中心并存,有时甚至重叠,而只给正式的民主机构留有非常有限的空间。②

第二,利比亚冲突后的安全重建是诸多学者关注的重要问题。阿莱西亚·梅尔坎吉和卡里姆·梅兹兰的文章《真正的代理战争?利比亚的民兵、机构和外部行为者在有限国家地位和食利国家之间的关系》分析了"有限国家地位"(Limited Statehood)、"食利国家"和"代理战争"三个概念,然后考察了民兵、经济机构和外部行为者在冲突中所扮演的角色,认为冲突后的利比亚内战不是代理人战争。③ 让·路易·罗马内·佩鲁的文章《利比亚安全碎片化的深层根源》认为,后卡扎菲时代的利比亚的安全分裂深层根源在于国内的经济、文化和政治因素。特别是利比亚的经济几乎没有提供任何就业

---

① 利比亚"全国过渡委员会",又称为利比亚"国家过渡委员会",是在2011年利比亚反卡扎菲政府示威中,由各反对派于2月27日在利比亚第二大城市班加西所成立的临时政权。

② Mattia Toaldo, "Decentralising Authoritarianism? The International Intervention, the New 'Revolutionaries' and the Involution of Post-Qadhafi Libya," *Small Wars & Insurgencies* 27, no. 1 (2016): 39–58.

③ Alessia Melcangi & Karim Mezran, "Truly a Proxy War? Militias, Institutions and External Actors in Libya between Limited Statehood and Rentier State," *The International Spectator* 57, no. 4 (2022): 121–138.

机会，而且该国缺乏一个统一的政府和正常运作的国家机构。①

布伊西莱·恩塔卡等的文章《阿拉伯地区的非国家武装团体与国家建设：以后卡扎菲时代的利比亚为例》探究了阿拉伯地区的非国家武装团体在国家重建中的作用，作者认为在后卡扎菲时代，利比亚的政治生活仍然主要是按照部落、家庭和种族来划分的，这也是许多武装组织形成的基础。卡扎菲政权被推翻后，利比亚更加容易受到这些组织的控制和影响。联合国支持的中央政府无力解决利比亚形形色色的武装组织。② 马克·R. 德沃尔和阿明·斯达利的文章《无政府状态的解剖：双层安全系统和利比亚的内战》分析了利比亚的内战与其双层安全结构的关系，作者认为利比亚正规部队和非正规部队的并存是造成利比亚冲突的重要原因。③

汉斯彼得·马特斯的文章《重建利比亚国家安全部

---

① Jean-Louis Romanet Perroux, "The Deep Roots of Libya's Security Fragmentation," *Middle Eastern Studies* 55, no. 2 (2019): 200–224.

② Buyisile Ntaka & László Csicsmann, "Non-State Armed Groups and State-Building in the Arab Region: The Case of Post-Gaddafi Libya," *South African Journal of International Affairs* 28. no. 4 (2022): 1–21.

③ Marc R. DeVore & Armin Stähli, "Anarchy's Anatomy: Two-Tiered Security Systems and Libya's Civil Wars," *Journal of Strategic Studies* 43, no. 3 (2020): 392–420.

队》详细介绍了后冲突时代利比亚的军队重建进程。①而安德烈·贝卡罗的文章《利比亚的"伊斯兰国"及其发展（2014—2016）》则分析了"伊斯兰国"2014—2016年在利比亚的活动。②

第三，不少学者的文章分析了利比亚的经济重建或者从政治经济学来分析利比亚冲突。克鲁兹·A.埃切维里亚等的《利比亚之春的经济后果：综合控制分析》对利比亚冲突的经济后果进行了评估，认为2011—2014年利比亚的人均实际GDP增长率的累计损失为64.15%，人均实际GDP的累计损失为56 548美元；实际GDP总量的累计损失为3 505亿美元。③马泰奥·卡帕索的文章《战争与经济：利比亚的逐渐毁灭》对有关利比亚目前的战争经济和无政府状态的主流分析提出质疑，反思了战争和军国主义在以美国为首的帝国主义结构中所扮演的角色。④艾琳·科斯坦蒂尼的文章《2011年后利比亚

---

① Hanspeter Mattes, "Rebuilding the National-Security Forces in Libya," *Middle East Policy* XXI, no. 2 (2014): 85-99.

② Andrea Beccaro, "ISIS in Libya and Beyond, 2014-2016," *The Journal of North African Studies* 27, no. 1 (2022): 160-179.

③ Cruz A. Echevarría & Javier García-Enríquez, "The Economic Consequences of the Libyan Spring: A Synthetic Control Analysis," *Defence and Peace Economics* 30, no. 5 (2019): 592-608.

④ Matteo Capasso, "The War and the Economy: the Gradual Destruction of Libya," *Review of African Political Economy* 47, no. 166 (2020): 545-567.

的冲突动态：政治经济学视角》从政治经济学的角度分析卡扎菲政权倒台后利比亚的冲突，作者认为当前利比亚并不缺乏治理，但是这种治理不是威斯特伐利亚体系定义的治理，而是一种军阀主义的治理，是一种混合政治秩序（hybrid political order）下的治理。①

第四，国外诸多文章对利比亚冲突和重建进程中的外部力量进行了分析。琳娜·盖洛特等的文章《务实的折中主义、新古典现实主义和后结构主义：重新考虑非洲对 2011 年利比亚危机的反应》分析了非洲联盟在 2011 年利比亚危机期间的作用，探讨了非洲联盟为什么没有在这场危机中发挥核心冲突管理作用。作者认为，非洲联盟内部不团结，无法用一个声音说话是其调解失败的重要因素。② 卡赛贾·菲利普·阿普利的《非洲联盟的调解任务与利比亚冲突》也分析了非洲联盟在 2011 年利比亚危机的调解任务失败的原因，作者认为非洲联盟设计的结束危机路线图不符合联合国安理会关于使用武力的授权，也没有明确卡扎菲的未来，因此，在反对

---

① Irene Costantini, "Conflict Dynamics in Post-2011 Libya: a Political Economy Perspective," *Conflict, Security & Development* 16, no. 5 (2016): 405-422.

② Linnéa Gelot & Martin Welz, "Pragmatic Eclecticism, Neoclassical Realism and Post-structuralism: Reconsidering the African Response to the Libyan Crisis of 2011," *Third World Quarterly* 39, no. 12 (2018): 2334-2353.

第一章 导言

派和联合国眼中,该路线图没有意义。非洲联盟从卡扎菲那里获得了调停的授权,但却没有从反对派那里获得信任,而且其调停计划也不适合处理危机。这些因素导致了调解工作的失败。① 阿德琳·聂娜·伊迪克等的文章《非洲联盟和国家内部冲突的解决:以 2011 年利比亚危机为例》探讨了非洲联盟在解决非洲国家内部冲突方面的表现。文章认为,非洲联盟为解决非洲的国内冲突作出了重大贡献,但非洲联盟在解决这些危机的努力中仍有不足之处。②

杰西卡·布赫等分析了法国和德国在利比亚冲突中的分歧,在《国内政治、新闻媒体和人道主义干预:法国和德国为何在利比亚问题上出现分歧》文中比较了法国和德国的新闻媒体,认为德国媒体对利比亚问题的关注比较晚,而且立场与法国明显不同,这或许是影响政府决策的重要考量。③ 妮可·柯尼希的文章《在冲突管

---

① Kasaija Phillip Apuuli, "The African Union's Mediation Mandate and the Libyan Conflict (2011)," *African Security* 10, no. 3-4 (2017): 192-204.

② Adeline Nnenna Idike & Sylvia Uchenna Agu, "African Union and Intra-State Conflict Resolution: A Return to the Libyan Crisis (2011)," *International Journal of Public Administration* 37, no. 8 (2014): 466-473.

③ Jessica Bucher, Lena Engel, Stephanie Harfensteller & Hylke Dijkstra, "Domestic Politics, News Media and Humanitarian Intervention: Why France and Germany Diverged over Libya," *European Security* 22, no. 4 (2013): 524-539.

理和角色冲突之间：利比亚危机中的欧盟》评估了欧盟在利比亚危机中的作用，作者认为欧盟的安全能力不足，无法为利比亚提供安全保证。① 彼得·西博格的文章《欧洲在后卡扎菲时代利比亚的战略利益：合作前景》分析了欧盟在利比亚的战略利益。作者认为欧盟最关心的问题是北非地区的安全以及地中海的非法移民问题。②

埃米尔·阿斯兰·苏莱曼诺夫的文章《俄罗斯在利比亚内战中的政策：谨慎接触》分析了俄罗斯在利比亚冲突中的政策和立场。作者认为，俄罗斯以一种小心翼翼的方式介入利比亚事务，力图扮演"公正调解者"的角色。③

三、研究存在的问题和趋势

总的来说，国内对于重建问题的研究还没有引起足够的重视，研究的深度和广度也不够。国外学者已经对冲突后重建问题有较深入的研究，已经基本搭好了一个

---

① Nicole Koenig, "Between Conflict Management and Role Conflict: the EU in the Libyan Crisis," *European Security* 23, no. 3 (2014): 250−269.

② Peter Seeberg, "EU Strategic Interests In Post-Qadhafi Libya: Perspectives For Cooperation," *Middle East Policy* 21, no. 1 (2014): 122−132.

③ Emil Aslan Souleimanov, "Russia's Policy in the Libyan Civil War: A Cautious Engagement," *Middle East Policy* 26, no. 2 (2019): 95−103.

框架，但是在一些核心问题和范式的研究上仍有分歧。

就利比亚重建而言，由于这是一个全新的研究问题，加上利比亚的局势在不断的变化之中，十多年来，尽管国内外已经有不少的文章和专著中的部分内容涉及这一问题，但是，到目前为止，还没有系统研究这一问题的专著出版。此外，国外学者多是从西方的角度来分析重建问题，不可避免地具有一定的局限性。

第三节　研究思路、方法与创新之处

任何研究都需要有一个清晰的研究思路，采用不同的研究方法，本书的研究也不例外。

一、研究目标与主要思路

本书从政治重建、安全重建、经济重建、文化与社会重建四个方面对利比亚的十年重建进行全面的考察，分析利比亚重建进程中的外部因素，总结利比亚重建的一般性规律。

具体来说，本书主要分为以下几个部分。

第一部分是导言。主要阐明研究的理论意义和现实意义，国内外研究现状，本课题的研究思路、方法与创新之处。

第二部分是利比亚国家重建的历史背景。主要介绍利比亚国家发展与历史概况，回顾利比亚冲突和卡扎菲政权的倒台，分析利比亚冲突中的外部力量。

第三部分是后卡扎菲时代利比亚国家重建的进程。这是本书的重点，主要通过政治重建、安全重建、经济重建、文化与社会重建四个部分细致考察利比亚冲突后的十多年重建的详情。

第四部分是利比亚国家重建中的外部因素。主要考察联合国、欧盟和俄罗斯在利比亚重建中发挥的作用或者扮演的角色。

第五部分是利比亚国家重建的特点与前景。主要总结利比亚重建的一般性规律，预测利比亚重建的前景。

二、研究方法

国际关系的研究方法多种多样，根据不同的标准，可以划分为不同的类别。不同的研究方法在性质上有一定的对立性，但不意味着它们在应用中相互排斥，也不妨碍它们的综合使用。本课题力求按照辩证唯物主义和历史唯物主义的观点来分析问题，在研究中综合运用了以下几种方法。

（一）文献分析法

文献分析法是最常见的研究方法之一，而文献资料的来源一般包括：私人传记、回忆录；正式文件；在媒体或学术期刊等发表的文章和论文。文献分析法是首先收集对国内外的各种相关的文献、书籍、报道或论文，然后对资料进行归类和整理，并加以归纳分析，以求得到具体的结果。

在研究过程中，重点关注2011年以来国内外相关课题的研究现状。国内的文献主要参考《国际问题研究》《现代国际关系》《世界经济与政治》《外交评论》《西亚非洲》《阿拉伯世界研究》等国内中文核心期刊和中国社会科学院、中国国际问题研究院、上海外国语大学中东问题研究所等智库的报告。国外主要考察美国和英国等国家主流国际政治期刊（如《外交事务》《外交》《国际组织》《世界政治》等）的文章和主流智库（如兰德公司、战略与国际研究中心、布鲁金斯学会、国际危机集团等）的报告，也参考联合国、利比亚政府部门等官方网站的资料。

（二）比较分析法

比较分析法是对两个或多个事件进行对比性研究的方法。所有的科学研究都是比较的，只是各人的分析理论不同，比较向度相异。马克思曾经指出："极为相似的事情在不同的历史环境中出现，就会引起完全不同的结果。如果把这些发展过程中的每一个部分都分别加以研究，然后再把它们加以比较，我们就会很容易地找到理解这种现象的钥匙。"[1] 这种方法是通过对两个或多个国际事件的比较，发现它们的区别和相同之处，然后分析这些区别或共同之处的原因。[2] 本书将对利比亚重建的外部力量进行对比分析。

（三）历史分析法

从根本上说，本课题属于历史研究范畴。历史分析法主要通过对国际关系历史事件的回顾，从中总结一些经验，以历史的经验解释现实的国际关系。本书首先对

---

[1] 《马克思恩格斯全集》第19卷，人民出版社，1995，第131页。
[2] 阎学通、孙学峰：《国际关系研究实用方法》，人民出版社，2001，第133页。

利比亚的重建背景给予历史性的回顾，同时对十多年来利比亚重建的四个方面进行详细的描述性分析，试图从历史事件中得到利比亚重建的一般性规律。

三、重点、难点与创新之处

本书的研究重点有两个，一是利比亚十多年重建的进程，二是利比亚重建中外部力量的作用。

本课题在国内外基本上还处于刚刚起步的阶段，现有的资料还非常有限，这对研究活动构成了一定的限制。研究者一方面从国外购进一些最新的书籍和研究期刊，另一方面将借助现有的资料，努力进行综合和筛选，提炼出新的观点。

另外，研究者也力图使自己的理论系统化、科学化，并尝试运用定量分析的方法建立分析问题的评价体系。

本课题创新之处在于在学界首次比较系统地阐述了利比亚冲突后的十多年重建进程，分析了利比亚重建中的外部因素，填补了该领域的研究空白，为以后的相关研究奠定了基础。

第二章

利比亚国家重建的历史背景

利比亚是北非的一个重要国家,"它是一个政治上存在争议,经济上富有潜力,社会层面上面临着各种挑战的例外国家。地处北非的利比亚由于其地理位置的独特性而成为世界上多种文明交往的十字路口,在人类文明的演进中作出了巨大的贡献,具有重要的历史地位"。①利比亚国家和社会中存在的许多问题都可以从利比亚早期和近代的历史中找到解决的钥匙,因此,回顾利比亚这个国家的历史进程,有助于我们理解后卡扎菲时代的国家重建。

---

① 韩志斌:《利比亚伊斯兰社会主义研究》,浙江人民出版社,2014,第1页。

第二章 利比亚国家重建的历史背景

第一节 利比亚：从史前到独立

严格意义上讲，今天的利比亚在历史上并不存在。独立前的"利比亚"仅是地理学上约定成俗的表达方式，利比亚人更喜欢被称为的黎波里塔尼亚人、昔兰尼加人和费赞人。①

利比亚的史前历史充满了诸多神秘莫测的东西，可获得的考古证据既复杂又充满争议。应该承认，我们现在仅能通过希腊、拉丁文献探悉利比亚早期历史的肇始。② 在公元前3100年前后，生活在这里的是柏柏尔人，人们称为"特黑努"（Tjehenu）。此后，我们在许多埃及的文献中都能找到他们的足迹。到公元前11世纪，埃及人一直使用"利布"（Libu）这个名称来指代非洲地中海埃及统治以西的地区，这个名称后来变成了"利比亚"一词。③

---

① 韩志斌：《利比亚史》，商务印书馆，2022，第1页。
② 罗纳德·布鲁斯·圣约翰：《利比亚史》，韩志斌译，中国出版集团东方出版中心，2011，第2页。
③ James Siebens and Benjamin Case, "The Libyan Civil War: Context and Consequences," *THINK International and Human Security*, Special Report, August 2012, https://citeseerx.ist.psu.edu/doc/10.1.1.462.690.

公元前631年前后,希腊人建立了昔兰尼城,把埃及以西的这个沿海地区称为昔兰尼加。希腊人还在昔兰尼加附近另外修建了4个城市,建立了一个地区性的"大城邦"。①

公元前3世纪,罗马与迦太基为控制地中海而进行激烈的角逐。双方进行了三次战争,史称布匿战争。在公元前145年的第三次布匿战争中,罗马人彻底打败了迦太基人,的黎波里塔尼亚成为罗马帝国北非领土的一部分。② 此后,的黎波里塔尼亚一直在古罗马帝国控制之下。公元431年,日耳曼人中的汪达尔人从罗马手中夺取该地区。公元6世纪,东罗马帝国的查士丁尼重新收复了该地区并控制了包括的黎波里塔尼亚和昔兰尼加在内的北非的大部分地区。③ 不过,东罗马帝国对利比亚的控制十分脆弱。

公元632年后,阿拉伯人逐渐进入北非地区。公元643年、644年,亚历山大、昔兰尼加被占领。两年后,

---

① 韩志斌:《利比亚史》,商务印书馆,2022,第19页。
② 罗纳德·布鲁斯·圣约翰:《利比亚史》,韩志斌译,中国出版集团东方出版中心,2011,第12页。
③ James Siebens and Benjamin Case, "The Libyan Civil War: Context and Consequences," *THINK International and Human Security*, Special Report, August 2012, https://citeseerx.ist.psu.edu/doc/10.1.1.462.690.

第二章 利比亚国家重建的历史背景

阿拉伯人进入了的黎波里塔尼亚，并逐渐控制该地区。①在将近1 000年里，阿拉伯人和柏柏尔人先后控制了的黎波里塔尼亚和昔兰尼加。

从公元1551年起，奥斯曼帝国占领了的黎波里塔尼亚和昔兰尼加，并占领了南部的费赞地区，并将这三个地区全部纳入了奥斯曼帝国。在这段时间，虽然三个地区名义上受到奥斯曼帝国的统治，但实际上每个地方都有很大的自治权。

1911年，意大利开始入侵利比亚，由于利比亚人民的持续抵抗，直到1932年，意大利才控制了整个利比亚。②

二战期间，利比亚人民与意大利和德国法西斯进行了英勇的斗争。1943年，在英法盟军的帮助下，利比亚获得了解放，英国政府成立军事行政当局管理昔兰尼加与的黎波里塔尼亚，法国则成立军事行政当局管理费赞。③ 二战结束后，英、苏、美、法等大国在如何处理利比亚的问题上一直存在分歧。1948年9月15日，英、

---

① 罗纳德·布鲁斯·圣约翰：《利比亚史》，韩志斌译，中国出版集团东方出版中心，2011，第18页。
② 同上书，第66页。
③ 同上书，第76页。

美、法、苏四国向联合国秘书长提交备忘录，放弃在利比亚问题的解决中扮演主要角色，将这个问题提交联合国大会讨论。①

1949年4月，联合国大会召开利比亚问题第一次会议，会议决定成立由比利时、埃及、法国、海地、印度、新西兰、挪威、爱尔兰、苏联、英国和美国组成的联合国利比亚问题委员会分委员会，分委员会经过多次实地考察，向总委员会提交了4份报告，介绍了昔兰尼加、的黎波里塔尼亚和费赞地区的政党组织的基本观点。经过长达一个多月的讨论，由于各方存在严重分歧，联合国大会关于利比亚问题第一次会议未能取得一致意见。

而在联合国之外，大国的博弈和讨价还价并没有停止。1949年5月7日，英国与意大利签订了《贝文—斯福礼计划》，该计划规定将由英国托管昔兰尼加，意大利托管的黎波里塔尼亚，法国托管费赞；而利比亚将在托管10年之后经联合国大会同意才能获得独立。在利比亚人民的坚决反对下，1949年5月，《贝文—斯福礼计划》被联合国大会否决。②

---

① 韩志斌：《利比亚伊斯兰社会主义研究》，浙江人民出版社，2014，第42—44页。

② 罗纳德·布鲁斯·圣约翰：《利比亚史》，韩志斌译，中国出版集团东方出版中心，2011，第87页。

第二章 利比亚国家重建的历史背景

在利比亚人民的英勇斗争和联合国许多国家（尤其是阿拉伯国家）的同情和支持下，1949年11月21日，联合国第四届大会以48票赞成、1票反对、9票弃权的结果通过了关于利比亚问题的第289号决议，决议指出，昔兰尼加、的黎波里塔尼亚和费赞应该组成一个独立的主权国家，并在1952年1月1日前实现独立。①

1951年3月，利比亚成立了临时政府。10月，国民议会批准了由联合国特派专员佩尔特和占领当局共同拟制的宪法草案。1951年12月24日，利比亚宣布独立，成立了以穆罕默德·伊德里斯·塞努西为国王的利比亚联合王国。②

纵观利比亚史前时代到1951年正式宣布独立的历史，我们不难发现，在大约5 000年里，利比亚的历史实际上是多种多样的不同民族和政治实体的历史。

---

① UN General Assembly, *Question of the Disposal of the Former Italian Colonies*, November 21, 1949, A/RES/289, accessed April 21, 2023, https://digitallibrary.un.org/record/210388.

② 陆廷恩：《非洲通史：现代卷》，华东师范大学出版社，1995，第150—152页。

昔兰尼加同马什里克国家①或者向伊斯兰世界东部看齐，而的黎波里塔尼亚则认同马格里布国家与伊斯兰世界西部。由于利比亚南部延伸到撒哈拉沙漠深处，费赞同撒哈拉以南的非洲国家频繁接触。②地处欧亚非三洲边陲地区以及分裂的地缘结构，使利比亚极易遭受外来文明的干涉。在外来文明角逐的历史进程中，利比亚形成了复合型的政治文化——具有非洲地缘特征、阿拉伯民族特性以及伊斯兰宗教特质的集合体。③

利比亚的独立首先归功于利比亚人民的英勇斗争以及英、美、法、苏等大国的博弈。除此之外，一个不容忽视的因素是联合国机构（尤其是联合国大会）在利比亚的独立中也起到了不可忽视的作用。

在利比亚的独立进程中，联合国进行了多次讨论，

---

① 在阿拉伯语中，马什里克（Mashreq, Mashrek）意为日升之地，指从埃及直到伊朗西部边境的地区；马格里布（Maghrib）意为日落之地，古代原指非洲西北部阿特拉斯山脉至地中海海岸之间的地区，有时也包括穆斯林统治下的西班牙部分地区，后逐渐成为摩洛哥、阿尔及利亚和突尼斯三国的代称。参见《发现世界古代轴心地带历史框架（世界历史大回旋系列之五）上》，2023年5月21日，https://mp.pdnews.cn/Pc/ArtInfoApi/article?id=35667030。

② 罗纳德·布鲁斯·圣约翰：《利比亚史》，韩志斌译，中国出版集团东方出版中心，2011，第2页。

③ 韩志斌：《地缘政治、民族主义与利比亚国家构建》，《历史研究》2014年第4期，第133页。

提供了多种方案。利比亚是联合国大会支持下成立的第一个也是唯一一个国家。佩尔特认为,如果没有大国博弈和联合国的支持,利比亚在20世纪50年代实现独立是不可能的事情。①

第二节 利比亚国家发展:从王国到民众国

1951年12月24日,根据联合国大会的决议,利比亚宣告独立,由三个地区共同组成联合王国,但三个地区拥有很大的自治权。1951年10月7日,利比亚国民议会在班加西的一次会议中起草并审议通过了1951年利比亚宪法。利比亚宪法的颁布具有重要的历史意义,它是利比亚在战后创立以来第一次正式地保障利比亚国民权利的立法。1959年,利比亚发现了巨大的石油储量,随后石油销售的收入使利比亚从世界上最贫困的国家一跃成为一个非常富有的国家,伊德里斯一世(即前文提到的穆罕默德·伊德里斯·塞努西)执政期间,虽然石油极大地改善了利比亚政府的财政状况,但是随之利比亚

---

① 刘中民、朱威列:《中东地区发展报告:中东变局的多维透视》,时事出版社,2013,第178—179页。

各派之间的不满也越来越大。①

1962—1963 年，利比亚放弃联邦制，建立集权制国家。利比亚联合王国被重新命名为"利比亚王国"。② 利比亚的国王伊德里斯一世也采取了一些加强中央集权的措施。不过，这些努力并没有缓解国内的矛盾，反而激起了各方更大的不满。1969 年 9 月 1 日，27 岁的军官穆阿迈尔·卡扎菲率领"自由军官"组织发动了不流血的政变，推翻了利比亚的君主统治。

1969 年 9 月 9 日，政变军官宣布成立 12 人组成的革命指挥委员会，卡扎菲任委员会主席。革命指导委员会发表声明，将在利比亚建立一个尊重和实现阿拉伯统一的"社会主义和伊斯兰的"社会。③ 在此后的 40 多年中，尽管其职务和称呼多次发生变化，但是卡扎菲一直是利比亚实际上的最高领导人。

在执政期间，卡扎菲提出一种与众不同的社会主义理论——世界第三理论，目标是建立一个利比亚式的社

---

① 《利比亚历史发展阶段简介》，2015 年 6 月 7 日，世界历史网，https://www.shijielishi.net/libiya/lishi/590.html，访问日期：2023 年 4 月 2 日。
② 罗纳德·布鲁斯·圣约翰：《利比亚史》，韩志斌译，中国出版集团东方出版中心，2011，第 100 页。
③ 潘蓓英编著：《列国志：利比亚》，社会科学文献出版社，2007，第 72 页。

第二章 利比亚国家重建的历史背景

会主义。①

在政治方面，卡扎菲成立了革命指导委员会，规定其为国家最高权力机构。1971年，卡扎菲效仿埃及在利比亚建立了阿拉伯社会主义联盟，禁止其他政党活动。1973年4月，卡扎菲制定了人民革命的"五点"计划。在卡扎菲人民革命理论的指导下，利比亚建立了民众委员会体系。

1977年3月20日，卡扎菲发表《人民权力宣言》，宣布利比亚进入人民直接掌握政权的民众时代，利比亚传统的总理、政府和议会由各级人民大会和人民委员会取代。②

在经济方面，经过不懈斗争，利比亚逐渐将石油公司收归国有。依靠丰富的石油资源，利比亚曾一度富甲非洲。由于国库充足，卡扎菲政府在社会福利方面实行医疗和教育费用全免政策。③

在对外关系方面，卡扎菲驱逐了意大利殖民者的后

---

① 刘兰花：《卡扎菲式理想主义政治研究》，硕士学位论文，福建师范大学，2011，第17页。
② 潘蓓英编著：《列国志：利比亚》，社会科学文献出版社，2007，第7—79页。
③ 仝菲：《利比亚伊斯兰社会主义的兴衰及教训》，《北京社会科学》2022年第12期，第106页。

裔，关闭了美国和英国军事基地。卡扎菲反对以美国为首的帝国主义和殖民主义，执政前期，他高举阿拉伯民族主义、反对西方侵略的大旗，继续实践他的阿拉伯民族统一梦想，大搞"革命输出"，支援世界各地的民族解放运动，支持国际恐怖主义和一些国家的反政府势力，借以打击西方帝国主义和殖民主义。冷战结束后，利比亚的国内国际处境恶化，利比亚开始调整期外交政策，谋求与以色列和西方改善关系，以新的国家形象开展和平与合作的国际交往，重返国际社会。①

从 1951 年到 2011 年，经过 50 多年的发展，利比亚的国家面貌发生了巨大的变化。刚刚独立的时候，利比亚是自然条件极差的贫穷落后的农牧业国家，农牧民占全国居民的 80% 以上。20 世纪 50 年代后期，利比亚发现了丰富的石油储藏。对石油的开发和利用不但使利比亚获得了巨额收入，还带动了与石油开发有关的现代工业迅速发展，从根本上改变了利比亚的经济面貌。国内生产总值和人均生产总值的增加使利比亚成为非洲的富国，曾被联合国列为世界高收入水平国家之一。②

---

① 王林聪：《卡扎菲外交思想与利比亚外交》，《西亚非洲》2004 年第 6 期，第 33 页。
② 潘蓓英编著：《列国志：利比亚》，社会科学文献出版社，2007，第 118 页。

第二章　利比亚国家重建的历史背景

与此同时，利比亚长期以来存在的诸多问题并没有根本解决，经济上过度依赖石油产业，工农业的发展受石油收入的制约极大，政治制度及发展方向依然没有完全理顺，尤其是自从独立以来困扰着利比亚的国家认同问题没有取得实质性的进展。利比亚成立之初，作为原昔兰尼加的埃米尔的伊德里斯一世，在利比亚人民中的声望从未走出昔兰尼加，而当卡扎菲推翻国王统治的时候，在昔兰尼加很少听到欢呼声。而在卡扎菲的整个统治期间，昔兰尼加地区，尤其是班加西，一直都存在着各个形式的反抗力量。这种对立也是 2011 年利比亚内战爆发的重要历史根源。有学者指出，1969 年，伊德里斯一世政权被推翻，标志着利比亚国家认同构建的第一次失败；2011 年，卡扎菲政权倒台，标志着利比亚国家认同构建的第二次失败。①

第三节　利比亚内战与卡扎菲政权的倒台

2010 年 12 月，以突尼斯小商贩自焚为导火线，突

---

① 韩志斌：《地缘政治、民族主义与利比亚国家构建》，《历史研究》2014 年第 4 期，第 145 页。

尼斯爆发了大规模的社会骚乱，最后迫使突尼斯总统下台。不久，多个中东和北非国家也受到波及，出现动荡。

2011年2月15日，许多利比亚民众在利比亚城市班加西和贝达的街头，要求利比亚政府释放被监禁的人权运动者。2月16日，抗议活动变成了暴力活动，民众向警察局放火并向安全部队和政府支持者投掷石块以及汽油炸弹。利比亚安全部队采用催泪瓦斯、橡皮子弹和高压水枪等方式驱散示威人群。

随后，利比亚一个反对派组织——"拯救利比亚全国阵线"（National Front for the Salvation of Libya）呼吁在2月17日在全国范围内开展"愤怒日"（Day of Rage）活动，公开要求卡扎菲下台。2月17日，示威者烧毁了班加西警察总部，卡扎菲的支持者和反对者发生了冲突。① 在接下来的几天里，示威活动从东部扩大到西部，遍及利比亚北部，贝达、德尔纳、扎维亚、的黎波里和艾季达比耶等城市都发生了示威行动。②

2011年2月18日，利比亚反对派控制了班加西的大部分地区，政府派出精锐部队和雇佣军进行镇压，但被

---

① James Siebens and Benjamin Case, "The Libyan Civil War: Context and Consequences," *THINK International and Human Security*, Special Report, August 2012, https://citeseerx.ist.psu.edu/doc/10.1.1.462.690.

② Jacob Mundy, *Libya* (Cambridge: Polity, 2018), p. 57.

第二章 利比亚国家重建的历史背景

反对派被击退。2011年2月23日,在利比亚东部,示威者与政府军交战四天后,夺取了贝达机场。

2011年2月27日,利比亚前司法部长贾利勒(Abdul-Jalil)宣布在班加西组建临时政府,成立利比亚"过渡委"。2011年3月5日,利比亚"过渡委"正式组建,共有33名成员,并自称是利比亚唯一的合法政府。

2011年2月,在利比亚班加西发生的政府军和反对派的冲突以及利比亚"过渡委"的成立等事件表明,利比亚的冲突从一开始就不是一个简单的政治抗议活动,而是一场有组织的旨在推翻卡扎菲政权的斗争。

不久,利比亚的局势进一步失控,多个城市被武装叛乱组织占领。叛军是由当地民兵、伊斯兰武装分子和叛变军队组成的武装力量,几乎所有的武器都是从政府军和警察手中缴获的小型武器和轻型军用车辆。[1] 卡扎菲政权集结力量,对反对派展开全面反攻,加强了对各地抗议活动的镇压。2011年3月中旬,政府军节节推进,很快逼近反对派大本营班加西。[2]

利比亚内战升级以及反对派的节节败退引起了部分

---

[1] Emin Poljarevic, *Libya's Violent Revolution*, EUI SPS, COSMOS, 2012/05, accessed April 21, 2023, https://hdl.handle.net/1814/26178.

[2] Jacob Mundy, *Libya* (Cambridge: Polity, 2018), p.65.

西方国家和阿拉伯国家的关注。2011年3月10日，法国正式承认利比亚"过渡委"为代表利比亚人民的合法政府。3月12日，阿拉伯联盟在开罗举行会议，与会各方投票支持联合国在利比亚设立禁飞区。3月17日，在阿拉伯国家、美国、英国和法国等国的推动下，联合国安理会以10票赞成、5票弃权的结果通过第1973号决议，在利比亚设立禁飞区。

2011年3月19日，美国、法国、英国、意大利、加拿大等国家组成的联军开始对利比亚发动代号为"奥德赛黎明"的军事行动。3月31日，北约接管对利比亚军事行动的指挥权，北约战机对利比亚政府军展开持续轰炸，在事实上充当了反对派"空军"的角色。

2011年4月10日，包括南非总统祖马在内的四个非洲国家曾经提出利比亚问题解决路线图，但是最终以失败而告终。

此后，利比亚的内战进入胶着状态，反对派和政府军在西部的米苏拉塔和东部的艾季达比耶和纳夫萨山脉等地展开激战。① 2011年5月15日，反对派控制了米苏拉塔，卡扎菲的政府军被迫撤退，进入收缩和防御阶段。

---

① Jacob Mundy, *Libya* (Cambridge: Polity, 2018), p. 73.

第二章 利比亚国家重建的历史背景

2011年7月中下旬，反对派在北约的支持下，在东部地区不断取得胜利。8月中旬，利比亚反对派从西部被解放的城市、南部的山区、东部的米苏拉塔以及利比亚其他地方聚集起来，包围了利比亚首都的黎波里。8月13日，纳夫萨的武装力量包围了扎维亚，一周后占领了该城。8月19日，利比亚反对派协同作战，发起对的黎波里的军事行动。8月21日，利比亚反对派武装攻入首都的黎波里，卡扎菲政权的统治终结。8月23日，利比亚反对派武装攻占了阿齐齐亚兵营（Bab Al-Aziziyyah）。[①]9月，以利比亚"过渡委"为首的利比亚执政当局已经基本控制利比亚的大部分地区。10月20日，卡扎菲在苏尔特被杀。10月23日，"过渡委"宣布全国解放，利比亚内战基本结束。

第四节 外部力量与利比亚内战

利比亚因占据优越的地理位置、拥有丰富的能源储

---

① Jacob Mundy, *Libya* (Cambridge: Polity, 2018), p. 84.

藏等，自古就是大国的必争之地。① 从 2011 年 2 月利比亚冲突爆发到 8 月卡扎菲政权被推翻，在利比亚舞台上表演的不仅仅是利比亚的政府军和反对派，各种各样的外部力量也深深卷入利比亚的冲突中。

一、联合国与利比亚冲突

在利比亚冲突中，联合国从一开始就扮演了重要的角色。面对利比亚的动荡形势，2011 年 2 月 26 日，联合国安理会一致通过第 1970 号决议，决定对利比亚进行制裁。

由于利比亚卡扎菲政权没有遵守安理会第 1970 号决议，继续武力镇压平民抗议，并且在同反政府力量交锋的过程中逐渐占据上风，在阿拉伯国家、美国、英国和法国等的推动下，3 月 17 日，联合国安理会以 10 票赞成、5 票弃权的结果通过第 1973 号决议，决议对卡扎菲政权没有遵守 2 月 26 日通过的第 1970 号决议深表遗憾，要求立即停火，停止对平民的袭击；决议授权会员国在通知秘书长后采取一切必要措施保护利比亚平民以及包

---

① 王金岩：《利比亚战后乱局中的外部干预》，《现代国际关系》2020 年第 3 期，第 57 页。

第二章 利比亚国家重建的历史背景

括班加西在内的受到卡扎菲政权袭击威胁的平民居住地区，但这些措施不包括对利比亚的任何形式的外国占领；决议还决定，对利比亚实施禁飞，除为了人道主义的飞行之外，禁止在利比亚领空的所有飞行活动，同时要求所有联合国会员国拒绝利比亚的飞机在境内起飞或降落。①

2011年9月16日，第66届联大以114票赞成、17票反对、15票弃权的表决结果通过了有关出席本届联大的各国代表全权证书的决议草案，从而在事实上认可了由利比亚"过渡委"获得该国在联大的席位。②

在利比亚的内部冲突中，联合国作为外部变量，又一次深深地卷入其中。

首先，联合国对利比亚冲突作出的反应非常迅速，涉及了联合国的多个部门。2011年2月，利比亚全国爆发了大规模的反对卡扎菲统治的抗议活动。而联合国安理会在26日就通过了第1970号决议，决定对利比亚实施严厉制裁。3月17日，安理会又迅速通过了第1973号

---

① 联合国安理会：《联合国安理会第1973（2011）号决议》，联合国网站，2011年3月17日，https://documents-dds-ny.un.org/doc/UNDOC/GEN/N11/268/38/PDF/N1126838.pdf?OpenElement，访问日期：2023年4月3日。

② 《焦点新闻：关注北非局势——利比亚》，联合国网站，https://www.un.org/zh/focus/northafrica/libya.shtml，访问日期：2023年4月3日。

决议，决定在利比亚设立禁飞区。从骚乱的发生到联合国安理会作出保护人民的决议仅十多天的时间。① 除了安理会的迅速反应外，联合国大会在3月1日召开全体会议，通过了暂时取消利比亚在人权理事会成员资格的决议草案。随着利比亚安全局势不断恶化，大批难民和移民涌入埃及、突尼斯等边境接壤国家。联合国难民署、世界粮食计划署、世界卫生组织等人道救援机构正在为这些民众提供帮助。同时，联合国对仍滞留在利比亚境内的难民境况表示关注。3月7日，联合国呼吁国际社会为利比亚的人道主义需求提供总额为1.6亿美元的紧急募捐呼吁。②

其次，联合国在利比亚设立禁飞区，其影响复杂而深远。"禁飞区"是二战后才产生的概念。冷战结束以来，美英联军在伊拉克北部及南部设立两个"禁飞区"并在波黑战争中设立"禁飞区"。不过，第1973号决议设立禁飞区的目的是保护平民，制止大规模屠杀，但是在实际的应用中却被西方国家滥用和曲解。西方国家在利比亚设立"禁飞区"的真正目的是希望通过军事介入

---

① 杨永红：《从利比亚到叙利亚——保护责任走到尽头了？》，《世界经济与政治论坛》2012年第3期，第74页。
② 《焦点新闻：关注北非局势——利比亚》，联合国网站，https://www.un.org/zh/focus/northafrica/libya.shtml，访问日期：2023年4月3日。

第二章 利比亚国家重建的历史背景

改变冲突双方的力量对比，使利比亚局势向有利于反政府武装及其自身利益的方向发展，这完全背离了安理会决议中使利比亚平民免遭人道主义灾难的初衷。① 西方的军事行动远远超出了执行禁飞令的范围。利军方一再宣布停火，但反对派拒绝与政府谈判。西方国家也拒绝通过和谈解决利比亚问题，持续对的黎波里和政府军地面部队、防空设施和民用机场进行空袭，还开展针对卡扎菲的"斩首行动"。②

最后，利比亚成了联合国保护责任实施的第一个实验场。保护责任制度成形于 2005 年联合国世界首脑会议，该制度的出现是为了使联合国安理会在处理种族灭绝、战争罪、种族清洗以及危害人类罪时能更好地发挥作用。保护责任使安理会可以将发生在一国境内的大规模暴行认定为对国际和平和安全的威胁，从而启动《联合国宪章》第 7 章赋予安理会的权力。安理会第 1973 号决议强调利比亚政府有责任保护利比亚民众，并且授权其他国家采取"一切必要措施"来保护平民人口，包括设立禁飞区，但排除了外国军队的军事占领。更广泛地

---

① 程星原：《安理会在利比亚设立"禁飞区"的背景及作用》，《国际资料信息》2011 年第 5 期，第 9 页。
② 赵广成：《从禁飞区实践看人道主义干涉的效力与局限性》，《国际问题研究》2012 年第 1 期，第 104 页。

说，第 1970 号和第 1973 号这两项决议对保护责任都有直接的表述。安理会第 1970 号决议呼吁利比亚当局有保护其人民的责任；谴责了针对平民的暴力和使用武力；对严重地、有系统地侵犯人权深表遗憾；并且认为对平民人口的袭击可能构成了危害人类罪。同时，安理会第 1973 号决议谴责利比亚当局没有遵守安理会第 1970 号决议，重申利比亚当局有责任保护利比亚民众。

2011 年联合国安理会针对利比亚通过的第 1970 号与第 1973 号决议迎来了保护责任的积极倡导者狂热的欢呼，认为国际社会在国家利益存在巨大分歧的情况下首次采取如此高效、包括军事手段在内的集体行动以履行保护责任，"保护责任全球中心"的执行总裁西蒙·亚当斯甚至宣称 2011 年是保护责任之年。①

但是，国际社会在这个问题上的看法实际上分歧严重。在安理会的辩论中，中国代表指出，中国"对平民的生命、财产安全在武装冲突中受到影响和威胁深表关切，谴责在武装冲突中蓄意针对平民的暴力行为"，但是强调"保护平民的责任首先在于当事国政府。国际社会和外部组织可以提供建设性的帮助，但应坚持客观、

---

① 杨永红：《从利比亚到叙利亚——保护责任走到尽头了?》，《世界经济与政治论坛》2012 年第 3 期，第 69 页。

第二章 利比亚国家重建的历史背景

中立的原则，充分尊重当事国的主权、独立、统一和领土完整。任何方面均不能以保护平民的名义，从事'政权更迭'或卷入一国内战"。而巴西代表认为，要"避免对保护平民概念作出过度宽泛的解释"，"保护平民行动应尽可能采取和平、预防性途径"，"使用武力必须始终作为最后手段……必须尽最大努力确保我们的行动扑灭冲突火焰，而不是使其越烧越旺"。南非代表则指出，"国际行为方和外部组织在提供建设性援助时，应当遵守《联合国宪章》的规定，充分尊重有关国家的意愿、主权和领土完整，不要推行超越保护平民授权的政治意图，包括改变政权"。[1][2]

二、法国与利比亚冲突

冷战后，美国和欧盟多次介入发生在第三世界国家的内部冲突。在很多情况下，美国一般在干涉活动中发挥主导作用。但是，在利比亚冲突中，欧洲国家（尤其

---

[1] 联合国安理会：《联合国安全理事会第 6531 次会议临时逐字记录（S/PV.6531）》，联合国网站，2011 年 5 月 10 日，https://documents-dds-ny.un.org/doc/UNDOC/PRO/N11/330/31/PDF/N1133031.pdf?OpenElement，访问日期：2023 年 4 月 3 日。

[2] 杨永红：《从利比亚到叙利亚——保护责任走到尽头了?》，《世界经济与政治论坛》2012 年第 3 期，第 81 页。

是法国、英国、意大利等国）则走向前台，在对利比亚战争中扮演了急先锋的角色。对于欧洲来说，"试图通过武力干预、推动阿拉伯邻国的'民主化进程'，以实现欧洲的制度、价值观与长远利益诉求，是推动法、英等国决计动武的深层动因"。① 在欧盟国家中，法国积极支持反对派，推动联合国安理会通过第 1973 号决议，和北约"密切配合"直接介入利比亚内战，为推翻卡扎菲政权"立下汗马功劳"。

2007 年 5 月 6 日，萨科齐当选法兰西第五共和国第九任、第六位总统。当时，法国与利比亚关系整体发展势头不错。萨科齐总统大张旗鼓地在巴黎接待卡扎菲的国事访问，甚至准备向利比亚提供核能技术。2011 年，利比亚的冲突爆发后，法国则迅速改变其对利比亚的政策，积极谋求推翻卡扎菲政权。

首先，萨科齐总统谴责利比亚政府，积极推动联合国通过制裁和干涉的决议。国际社会介入利比亚内战的重要的标志是 2011 年 3 月 17 日联合国安理会通过的第 1973 号决议。为了通过协议，萨科齐首先和英国首相卡

---

① 吴弦：《欧盟国家利比亚军事干预解析》，《欧洲研究》2012 年第 2 期，第 119 页。

梅伦达成一致,提出建立禁飞区的设想,① 然后在 3 月 14 日的八国集团外长会议上游说美国国务卿希拉里的支持。② 尽管在欧盟内部对建立禁飞区、进行军事介入有不同的意见,但是英国和法国还是在阿拉伯联盟的支持下向联合国安理会提交了决议草案。③

其次,法国政府全力支持利比亚反对派,助力利比亚"过渡委"反抗卡扎菲政权。2011 年 3 月 10 日,法国正式承认利比亚"过渡委"为利比亚合法政府,成为第一个采取此类外交行为的国家。法国还采取向反对派提供武器、派遣军事顾问以及提供军事援助等方式来助力利比亚反对派。

最后,法国积极介入对卡扎菲政权的空袭行动,在"倒卡"军事行动中扮演重要角色。在对利比亚的军事打击中,法国最先行动。在此后的打击行动中,法国部署了 4 300 多名士兵,在高峰期法国投入了 40 多架飞机、

---

① 沈选:《英法宣称支持利比亚反对派 支持设立禁飞区》,环球网,2011 年 3 月 11 日,https://mil.huanqiu.com/article/9CaKrnJqxcn,访问日期:2023 年 4 月 3 日。

② 《八国外长会议未达成在利比亚设禁飞区》,新华社,中新网,2011 年 3 月 16 日,https://www.chinanews.com.cn/gj/2011/03-16/2910890.shtml,访问日期:2023 年 4 月 3 日。

③ Karl P. Mueller (eds.), "Precision and Purpose: Airpower in the Libyan Civil War," Santa Monica: RAND, 2015, accessed April 21, 2023, https://www.rand.org/content/dam/rand/pubs/research_reports/RR600/RR676/RAND_RR676.pdf.

30架直升机和十几艘军舰。法国战机的出动次数超过5 600架次，完成西方国家对利比亚空袭行动25%的飞行任务、35%的进攻任务和20%的打击任务。①

萨科齐之所以积极介入利比亚内战，原因是多方面的。

首先，卡扎菲政权针对平民的暴力和暴力威胁以及对难民潮的关注是萨科齐推动建立禁飞区的重要考量。在法国看来，卡扎菲无论是在言辞上宣称消灭示威民众，还是在行动中大量屠杀反抗平民的举动，公然挑战了国际社会有关保护责任的主流价值观。② 2011年2月23日，萨科齐指出，卡扎菲政府对平民的"野蛮血腥"镇压是"令人作呕的"。三天后，法国驻联合国大使杰拉德·阿罗德（Gerard Araud）称卡扎菲政府的镇压是"残忍和血腥的"，并指出"可能犯下了反人类罪"。③ 3月11日，萨科齐指出，20万人为了躲避暴力而离开利比亚的暴力，如果利比亚的局势没有改善，"这些流离失所

---

① Karl P. Mueller (eds.), "Precision and Purpose: Airpower in the Libyan Civil War," Santa Monica: RAND, 2015, accessed April 21, 2023, https://www.rand.org/content/dam/rand/pubs/research_reports/RR600/RR676/RAND_RR676.pdf.

② 刘云、钱磊：《北非变局对环地中海国际关系的影响研究》，社会科学文献出版社，2019，第120页。

③ Jason W. Davidson, "France, Britain and the Intervention in Libya: An Integrated Analysis," *Cambridge Review of International Affairs* 26, no. 2 (2013): 315.

第二章 利比亚国家重建的历史背景

者会去哪里呢？他们别无选择：那将是穿越地中海"。①

其次，法国政府认为，低成本的空袭获得了国际支持，而在空袭中起主导作用则涉及法国的威望。萨科齐政府认为国际和地区支持是干预的关键前提。在获得英国的支持、意大利的默许以及阿盟和非洲的赞同后，法国很快提出了设立禁飞区的提案。在空袭中，法国不遗余力扮演着急先锋的角色，其重要目标是保持法国的威望。法国外交官解释说，由于"在历史上法国对非洲大陆有影响力"，因此法国要在利比亚危机中争取领导作用。②

最后，萨科齐政府希望通过对利比亚的行动来提高其在大选中的支持率，同时其行动也得到了法国公众和反对派的支持。由于在任期内法国经济不振，退休制度也得不到民众认可，萨科齐的民意支持率持续下降。面对不利的国内选情，萨科齐同样希望能取得外交成果，重获选民支持。③ 萨科齐政府的利比亚立场在法国公众中的支持率很高。法国伊弗普调查公司（IFOP）2011 年

---

① Jason W. Davidson, "France, Britain and the Intervention in Libya: An Integrated Analysis," *Cambridge Review of International Affairs* 26, no. 2 (2013): 316.
② Ibid., p. 317.
③ 庄宏韬、曾向红：《多元启发理论视角下的萨科奇对利比亚空袭决策》，《国际论坛》2015 年第 2 期，第 16 页。

3月23日发布的意见调查显示，当被问及是否赞成"由法国、英国和美国组成的军事联盟干预利比亚"时，21%的受访者表示"完全赞同"，45%的人"十分赞同"。① 而法国反对派也赞成对利比亚作出强硬反应。2月27日，法国反对派宣布支持设立禁飞区。3月17日，法国社会党第一书记玛蒂娜·奥布里（Martine Aubry）对欧洲迟迟不对利比亚采取行动感到不安。②

三、美国与利比亚冲突

与法国积极介入利比亚冲突不同，美国在这场冲突中更多地扮演了幕后角色。

利比亚冲突爆发后，奥巴马政府谴责利比亚的抗议者与利比亚政府军之间发生的暴力冲突。2011年2月，国务卿希拉里·克林顿指出，美国对于利比亚安全部队对和平示威者使用致命武力感到"严重关切"，利比亚

---

① "Deux-tiers des Français favorables à l'intervention militaire en Libye," *L'Express.fr*, April 2, 2012, accessed April 21, 2023, http://www.lexpress.fr/actualites/1/politique/deux-tiers-des-francais-favorables-a-l-intervention-militaire-en-libye_978828.html.

② Jason W. Davidson, "France, Britain and the Intervention in Libya: An Integrated Analysis," *Cambridge Review of International Affairs* 26, no. 2 (2013): 320.

第二章　利比亚国家重建的历史背景

发生的暴力事件令人"完全不能接受"。①

在利比亚冲突初期，美国先后采取了一系列针对卡扎菲政权的行动，主要包括政治威胁、预防性外交、撤销承认、驱逐卡扎菲政权、冻结资产、针对性的制裁和旅行禁令等。不过，美国这一时期的反应还是被动的，奥巴马政府还没有打算直接介入利比亚的冲突。

2011年2月23日，奥巴马总统在白宫发表演讲，指出利比亚不断恶化的局势。在他的简短讲话中，尽管没有提到卡扎菲的名字，但他还是威胁卡扎菲必须负责任："我们强烈谴责在利比亚使用暴力的行为。痛苦和流血是令人愤慨的，是不可接受的。威胁和命令射杀和平的抗议者并进一步惩罚利比亚人民也是如此。这些行动违反了国际规范和普遍的人权。这种暴力必须停止。"② 美国通过各种渠道与包括利比亚外交部长穆萨·库萨（Musa Kusa）在内的利比亚官员进行接触，传递美国的立场，奥巴马总统也与外国领导人接触，商讨结束危机

---

① "Hillary Clinton: The Bloodshed in Libya Is Unacceptable," *RT World News*, February 22, 2011, accessed April 21, 2023, https://www.rt.com/news/libya-hillary-clinton-us/.

② The White House, "President Obama on the Situation in Libya," February 23, 2011, accessed April 21, 2023, https://obamawhitehouse.archives.gov/photos-and-video/video/2011/02/23/president-obama-situation-libya#transcript.

的办法。2011年2月25日，美国宣布暂停的黎波里大使馆的所有活动，所有人员全部撤出。当天，奥巴马总统签署13566总统令，冻结卡扎菲和家人及卡扎菲政权的高级官员和与之有关的公司在美国的资产。① 2011年3月11日，美国财政部又进一步宣布对卡扎菲政权的官员和家人实施了更多制裁。

随着利比亚冲突的不断升级，尤其是利比亚反对派处于劣势，美国国内开始讨论是否要对利比亚进行干预。在奥巴马政府内部，副总统拜登和国务卿希拉里等支持对利比亚进行支持干预，而国防部长盖茨、美国国家安全顾问多尼隆等则反对武装介入。2011年3月，在希拉里·克林顿、萨曼莎·鲍尔和苏珊·赖斯三人的说服下，奥巴马在召开了国家安全委员会会议后，决定对利比亚进行干预。

在美国决定对利比亚干预之后，美国开始和法国、英国以及黎巴嫩等一起向联合国安理会提出保护平民建立禁飞区的决议草案。在安理会的辩论中，苏珊·赖斯指出，"3月12日，阿拉伯国家联盟吁请安全理事会设

---

① Executive Order 13566-Libya, February 25, 2011, accessed April 21, 2023, https://obamawhitehouse.archives.gov/the-press-office/2011/02/25/executive-order-13566-libya.

第二章 利比亚国家重建的历史背景

立禁飞区,并采取其他保护平民的措施。今天的决议是对这一呼吁和当地的迫切需求的强有力回应。决议要求立即实行停火,全面停止对平民的暴力和袭击。为了响应利比亚人民和阿拉伯国家联盟的呼声,安全理事会已经授权使用武力,包括执行禁飞区措施","利比亚的未来应由利比亚人民决定。美国与利比亚人民站在一起,支持他们享有的普世权利"。①

2011年3月19日,美国总统奥巴马宣布,他已授权美军对利比亚采取"有限的军事行动"。在关于利比亚局势的讲话中,奥巴马总统明确阐述了导致他作出干预决定的原因。美国和盟友的目的是"保护利比亚境内的无辜平民,并追究卡扎菲政权的责任","美国准备作为国际联盟的一部分采取行动……我指示盖茨部长和我们的军队协调他们的计划","美国不会在利比亚部署地面部队。我们不会使用武力来超越一个明确的目标——特别是保护利比亚平民"。②

---

① 联合国安理会:《联合国安全理事会第6498次会议临时逐字记录(S/PV.6498)》,联合国网站,2011年3月17日,https://documents-dds-ny.un.org/doc/UNDOC/PRO/N11/267/17/PDF/N1126717.pdf?OpenElement,访问日期:2023年4月3日。

② The White House, "Remarks by the President on the Situation in Libya," March 18, 2011, accessed April 21, 2023, https://obamawhitehouse.archives.gov/the-press-office/2011/03/18/remarks-president-situation-libya.

随后，位于地中海的导弹驱逐舰巴里号向利比亚发射"战斧"巡航导弹。不过，3月20日，美国国防部长盖茨表示，美国不会在干预利比亚的军事行动中扮演"领导角色"，未来几天就会把在利比亚领空实施"禁飞区"的"主要责任"交出。3月27日，北约28个成员国大使在布鲁塞尔举行了会议，决定全面接管联合国安理会决议授权的所有针对利比亚的军事行动。自3月31日起，对利比亚的军事干预行动正式改名为"联合保护者行动"。行动中，北约在利比亚执行主要的军事任务，美国军队则负责在情报、后勤保障等方面提供协助。① 从2021年4月2日开始，美军战机退出对利比亚的空袭。

在应对利比亚危机的过程中，奥巴马政府以积极的多边外交、严厉的经济制裁和有限的军事干预等相结合的手段，依靠国际合作，特别是与欧洲盟友和阿拉伯国家联盟合作。总体来看，奥巴马政府对利比亚危机的政策十分谨慎而低调。②

---

① 刘得手：《奥巴马政府对利比亚危机的政策》，载倪峰、黄平主编《美国蓝皮书：美国问题研究报告（2012）：美国全球及亚洲战略调整》，社会科学文献出版社，2012，第160页。

② 刘得手：《奥巴马政府对利比亚危机的政策》，载倪峰、黄平主编《美国蓝皮书：美国问题研究报告.2012：美国全球及亚洲战略调整》，社会科学文献出版社，2012，第161页。

第二章 利比亚国家重建的历史背景

美国为什么在利比亚战争中采取了谨慎而低调的政策呢？清华大学的阎学通教授认为，对于美国来说，利比亚从来不在其外交政策中居于核心地位。在经历了阿富汗战争和伊拉克战争后，当时的美国总统奥巴马正在对美国的中东政策进行调整，无意再次动用武力（特别是出动地面部队）开始"第三战场"。但是，如果面对"阿拉伯之春"无动于衷，将会加快美国在中东地区主导地位的衰落。奥巴马明知发动这场战争无利可图，但为了防止不发动这场战争带来的更大损失，还是下决心进行这场不打算赢也不想大打的战争。[1]

也有学者认为，欧洲对奥巴马政府的压力一直是美国干预的主要原因之一。奥巴马声称，干预的主要动机是防止人道主义灾难或大屠杀，因为美国在干预中没有任何直接的国家利益。然而，此次干预针对的是其他主要与欧洲利益和安全有关的战略利益。罗伯特·盖茨在美国国会作证时表示："华盛顿的盟友，特别是英国和法国，在阿富汗帮助了美国，所以美国本应帮助其在利比亚问题上帮助过自己的欧洲。"[2]

---

[1] 阎学通：《奥巴马发动利比亚战争的动因》，《欧洲研究》2011年第3期，第3—4页。

[2] Majda Farkash, "Obama's Leading from Behind Approach in Mena and Political Stability in Libya," *Dirasat: Human and Social Sciences* 49, no. 6 (2022): 155.

2016年4月，奥巴马在接受媒体采访时声称，自己两届总统任期内的最大错误是在军事介入利比亚的善后工作方面"毫无规划"。他承认利比亚在其前领导人穆阿迈尔·卡扎菲倒台后陷入"混乱"，但仍坚称当初军事干涉利比亚的决定"正确"。①

不过，有评论指出，按照奥巴马的逻辑，如若当初有规划，那场以推翻卡扎菲政权为目的的军事干涉就能给利比亚带来福音。"然而，时光不能倒流，历史无法假设。冷冰冰的事实却是，以美国为首的北约当年正是打着'保护利比亚人民'的旗号，对一个主权国家发动所谓'人道主义干预'，利比亚为此付出了约2万人死亡、数万人流离失所的惨痛代价"，"利比亚人没有一天好日子过，派系争斗、冲突不断、恐怖肆虐、民不聊生，甚至一度出现一东一西两个对立政府和议会，外部干涉的恶果让利比亚人尝尽了苦头"。②

---

① 《奥巴马谈任内"最大错误"，介入利比亚善后欠规划》，2016年4月12日，新华网，http://www.xinhuanet.com/world/2016-04/12/c_128884185.htm，访问日期：2023年4月3日。

② 《奥巴马"认错"隔靴搔痒》，新华国际时评，新华网，2016年4月13日，http://www.xinhuanet.com/world/2016-04/13/c_1118611803.htm，访问日期：2023年4月3日。

第三章
后卡扎菲时代利比亚国家重建的进程

2011年8月20日，反对派武装攻占的黎波里，卡扎菲政权被推翻。11月22日，利比亚过渡政府成立。以利比亚反对派攻占首都的黎波里和利比亚过渡政府成立为标志，利比亚进入了冲突后的重建时代，迄今已经十几年。冲突后的重建是一项浩大、繁复、长期的系统工程，任何国家的重建步骤都不可能完全一样，但是就一般意义来说，国家重建工作主要包含四个方面的内容：第一，政治重建，重建目标国的政治体系，使其兼具合法性与行政能力；第二，安全重建，为目标国建立安全的外部环境；第三，经济重建，重建目标国的经济体系与市场机制；第四，文化与社会重建，重建目标国的公民社会与政治文化。①

经过十多年的重建，利比亚政治上建立了联合政府，但是没有改变国内碎片化局面，也没有实现利比亚"过渡委"在2011年确定的转型目标；在安全方面进展缓慢，全国的安全形势一直没有根本好转，并在一定的时间内呈现出不断恶化的趋势，利比亚安全问题中的"三失"困境②也始终没有根本解决；在经济方面继续依靠石油经济，结构性矛盾依旧存在；在社会重建方面，民族和解进程乏善可陈，非政府组织也从短暂的繁荣兴起进入深入调整期。

第一节 利比亚政治重建

与其他方面的重建不同，利比亚的政治重建实际上在卡扎菲政权被推翻之前就已经开始了。早在2011年3月，利比亚反对派就建立了自己的政权——利比亚"过

---

① Larry Diamond, "What Went Wrong in Iraq," *Foreign Affairs* 83, no. 5 (2004): 37.
② "三失"困境——游击队和民兵的失控、安全治理机制的失范和地区局势的失衡。参见江涛：《后卡扎菲时代的利比亚国家安全治理》，《国际展望》2014年第3期，第95页。

渡委"。此后，利比亚"过渡委"逐渐在"倒卡"行动中扮演了反对派领导者的角色，并逐渐得到了国际社会的承认。

从 2011 年 8 月开始到 2021 年 12 月，利比亚的政治重建可以分为三个时期：2011 年 8 月至 2012 年 8 月利比亚"过渡委"主导时期，2012 年 8 月至 2015 年 11 月政治重建停滞和两政府分立时期，以及 2015 年 12 月至 2021 年 12 月团结政府组建、政治重建重启时期。

一、利比亚"过渡委"主导时期（2011 年 8 月至 2012 年 8 月）

2011 年 8 月 3 日，利比亚"过渡委"就公布了具有临时宪法作用的《宪政宣言》，该文件分为五个部分，共 37 条。第 1—6 条规定了有关利比亚的一般规定，第 7—16 条主要涉及公民权利和自由，第 17—30 条主要涉及临时政府的运作，第 31—33 条主要涉及司法保障，而第 34—37 条是一些结论性规定。该《宪政宣言》不仅阐释了主权在民、法律面前人人平等、保障个人权利、建立多元民主制度、突出伊斯兰教的地位等利比亚政治重建的原则,而且框定了利比亚政治重建的时间表。①

《宪政宣言》规定,利比亚将在卡扎菲政权下台后30天内成立国家政府;90天内公布选举法,成立最高选举办公室;240天内进行全国代表大会(相当于议会)选举,选出政府总理并制定法律。在全国代表大会成立后30天内成立公共基础委员会,并在委员会成立后60天内制定宪法草案,其后30天进行宪法草案公投,公投通过后30天内公布立法选举法,并在180天内完成立法选举。《宪政宣言》规定过渡时期为20个月,其中前8个月由"过渡委"管理,剩余12个月由全国代表大会监管。

2011年11月22日,利比亚"过渡委"宣布成立过渡政府,委员会执委主席阿卜杜勒·拉希姆·凯卜担任总理,内阁包括1位总理、2位副总理和24位部长。

2012年上半年,利比亚的许多城市举行了地方选举,选出当地的地方议会,其中包括米苏拉塔、班加西、祖瓦拉、德尔纳和扎维亚。② 2012年7月7日,利比亚

---

① 韩志斌、闫伟:《后卡扎菲时代利比亚政治重建及前景》,《国际论坛》2013年第1期,第7页。
② El-Anis, Imad and A Hamed., "Libya after the Civil War: Regime Change and Democratisation," *Journal of Conflict Transformation & Security* 3, no. 2 (2013): 174-193.

第三章 后卡扎菲时代利比亚国家重建的进程

举行了历史上的第一次国民大会选举,280 万名注册选民中共有近 170 万名参加了选举,投票率超过 60%。[①]在政党选举中,自由主义政党全国力量联盟与伊斯兰主义政党公正与建设党分别成为第一、第二大党。2012 年 8 月 8 日,国民大会取代"过渡委"行使国家权力,穆罕默德·尤素福·马格里夫任国民大会首任议长。

利比亚冲突后的第一次选举尽管存在许多不足,但是整体看还是比较成功的。在联合国和其他外部行为体的帮助下,大选组织得当,公正透明,其投票率超过 60%,国民大会的代表多数是温和派,而穆斯林兄弟会(以下简称"穆兄会")和其他伊斯兰组织等激进派也获得了一定的席位。大选后产生了合法的议会,这为利比亚进一步的发展打下基础。利比亚政治重建的第一个时期还是比较顺利的,不过,卡扎菲政权时期所造成的权力真空短期内难以解决,利比亚各派围绕战后政治过渡的问题分歧致使利比亚的和解之路困难重重。

---

① Sami Zaptia, "Libya's General National Congress Elections—in Numbers," December 30, 2012, https://libyaherald.com/2012/06/libyas-general-national-congress-elections-in-numbers/.

二、政治重建停滞和两政府分立时期（2012年8月至2015年11月）

利比亚第一次全国大选后产生了合法的议会。2012年9月，国民大会选举穆斯塔法·沙古尔为总理，但其因组阁失败而于10月8日辞职。2012年10月14日，经过反复的酝酿，国民大会选举扎伊丹为临时政府总理，负责组阁。11月7日，扎伊丹的内阁名单获得通过。

扎伊丹总理就职后，利比亚在冲突后存在的种种矛盾并没有得到缓解，尤其是利比亚国内的安全环境开始出现日益恶化的趋势，连扎伊丹总理也在2013年10月遭到武装分子绑架。

利比亚"过渡委"曾经在《宪政宣言》中将重要条款的修改的门槛设定在三分之二的多数。然而，由于成员之间的紧张局势加剧和两极分化加剧，利比亚国民大会多次陷入瘫痪之中。2012年9月1日，利比亚国民大会提出了《宪政宣言》第四条修订案，该条款将通过重要条款的立法的门槛从134票降至120票（总共200名成

第三章　后卡扎菲时代利比亚国家重建的进程

员），而且仅仅需要出席人员的简单多数即可通过。①

国民大会最后通过了这项提案，但它深刻反映了利比亚议会成员之间的政治分歧。投票前的辩论表明，各个政治团体之间的信任在逐渐减少。利比亚全国力量联盟就反对降低门槛，他们担心这将为此后通过《政治隔离法》②铺平道路。这场辩论还暴露了利比亚议会中的自由派阵营、"革命派"与伊斯兰力量阵营之间危险的零和游戏和排外政治。③

利比亚战争结束后，一些利比亚民众对政府工作极度不满，认为曾在卡扎菲政府工作的官员腐败现象严重，因此部分议员向利比亚国民大会提交了《政治隔离法》，要求卡扎菲时期的官员不能在现政府任职。

2013年4月28日，武装团体包围了利比亚外交部、财政部、司法部等利比亚政府部门，迫使当局通过《政治隔离法》。2013年5月5日，利比亚国民大会投票通

---

① General National Congress, "Constitutional Amendment No. (4) of 2012 concerning Constitutional Amendment No. (1) of 2012," September 1, 2012, accessed April 21, 2023, https://security-legislation.ly/law/31869.

② 《政治隔离法》是利比亚国民大会通过的条文，该法禁止曾在卡扎菲政权时期担任高官者在新政权中担任要职。

③ Democracy Reporting International, "At a Glance: Libya's Transformation 2011-2018: Power, Legitimacy and the Economy," June 18, 2019, accessed April 21, 2023, https://democracyreporting.s3.eu-central-1.amazonaws.com/images/2835Libyas-Transformation-2011-2018.pdf.

过了这部有争议的法律，确定曾在原卡扎菲政权长期工作的政府高官不能在现政府任职。利比亚《政治隔离法》通过后，利比亚内阁和军队大批官员辞职，利比亚动荡进一步加剧。

2013年12月23日，利比亚国民大会以自己未能完成任务为由单方面投票，将其任期延长一年。

2014年3月21日，利比亚国民大会通过了对总理扎伊丹的不信任案，扎伊丹被迫下倒台，国防部长阿卜杜拉·萨尼成为临时总理。3月25日，萨尼试图以社会不稳为借口恢复君主制。

具有伊斯兰主义倾向的国民大会的行为引起了世俗主义者的不满。2014年2月，退役将领哈利法·哈夫塔尔要求国民大会立即解散，遭到拒绝。5月16日，哈夫塔尔发起了反对议会的"尊严行动"，迫使伊斯兰主义者接受将于6月25日进行的新选举。

2014年6月25日，利比亚国民代表大会选举正式举行，共有包括152名女性在内的1 714名候选人参与角逐。利比亚共有约340万名合法选民，此次参加投票的只有约63万名。① 这是自卡扎菲政权倒台以来，利比亚

---

① 《利比亚公布国民代表大会选举最终结果》，新华网，2014年7月22日，http://www.xinhuanet.com/world/2014-07/22/c_1111726867.htm。

第三章 后卡扎菲时代利比亚国家重建的进程

第二次举行议会选举。2014年8月4日，国民代表大会在东部城市图卜鲁格召开首次会议，选举阿基拉·萨利赫·伊萨为国民代表大会议长。

由于利比亚此次选举投票率只有18%，以伊斯兰派别为主的政治势力对选举结果不满，质疑新议会的合法性，拒绝向新的议会移交权力，而是将其逐出首都。2014年9月，部分伊斯兰派议员还重新组成了一个"国民大会"，建立了政府，自称为"救国政府"（National Salvation Government）。这样，利比亚逐渐形成了两个对立的阵营：一方为国际承认的、位于利比亚东部城市图卜鲁格的世俗政府，得到民选的利比亚国民代表大会与哈夫塔尔将军"尊严行动"派别的支持；另一方为位于首都的黎波里的"伊斯兰政府"，得到了利比亚国民大会与参与"利比亚黎明"行动的宗教武装力量的支持。为了各自的利益，两大阵营之间发生了激烈的冲突。

整体来看，在利比亚首次选举建立利比亚立法机构和利比亚中央政府、初步实现权力交接后，利比亚没有完成"宪政宣言"路线图所规定的任务，缺乏合法的中央政府以及统一的国家机构和安全机构破坏了法治、经济和国家建设。极端主义组织——"伊斯兰国"抓住这种混乱的局面，不断地在利比亚壮大自己的势力，成为该国崛起的第三极力量。

三、团结政府组建、政治重建重启时期（2015年12月至2021年12月）

利比亚两个阵营的冲突以及"伊斯兰国"在利比亚的崛起不仅进一步恶化了利比亚国内的局势，而且产生了外溢效应，给该地区的和平与安全带来了巨大的威胁。在联合国的斡旋下，2015年12月，利比亚各派在摩洛哥签署《利比亚政治协议》。根据该协议，国民代表大会成为利比亚最高立法机构，原先的利比亚国民大会更名为国家最高委员会，成为利比亚最高咨询和协商机构。利比亚各派同意成立总理委员会，行使国家元首职责，由其负责组建民族团结政府。

2016年1月19日，利比亚总理委员会宣布正式组建民族团结政府，以期结束国内各派的冲突。总理委员会还公布了新政府32名部长的名单，资深政治人物法耶兹·萨拉杰出任总理，利比亚的政治重建再次启动。

2016年初，总理委员会两次向国民代表大会提交民族团结政府名单草案，但均遭否决。不过，国际社会普遍承认民族团结政府，支持民族团结政府是利比亚人民

第三章 后卡扎菲时代利比亚国家重建的进程

唯一的合法代表。

2016年4月30日,利比亚民族团结政府总理萨拉杰和其他6名民族团结政府成员抵达利比亚首都的黎波里,萨拉杰表示,民族团结政府将致力于实现利比亚全境停火、民族和解和难民回归,并打击境内极端势力。与此同时,根据《利比亚政治协议》,2016年4月5日,利比亚"救国政府"在首都的黎波里宣布解散,停止所有机构运作,为利比亚民族团结政府的最终组建铺平道路。同日,国民大会的80名成员宣布国家最高委员会成立。

民族团结政府为了显示其合法性,决定清除在苏尔特的"伊斯兰国"力量。团结政府临时组建了卫队,该卫队主要由西部民兵组织和该国油气部门的安保人员组成。打击"伊斯兰国"的战役从2016年5月开始,到2016年12月7日,利比亚民族团结政府宣布肃清盘踞在苏尔特的"伊斯兰国"残余武装,完全控制了整座城市。至此,随着"伊斯兰国"势力在利比亚失去控制地盘,以及"救国政府"的解散,利比亚团结政府在形式上称为利比亚唯一的合法政府,利比亚各派政治力量基本分化成民族团结政府和国民代表大会两大权力中心东西对垒的格局。

2017年5月,支持图卜鲁格政府的利比亚国民军在利比亚南部的布拉克·沙提空军基地遭到支持民族团结政府的敌对武装组织袭击。2017年7月，利比亚国民军击败了当地的宗教极端武装，完全控制了班加西。2017年12月17日，哈夫塔尔将军宣布《利比亚政治协议》无效。

2017年，加桑·萨拉姆出任联合国秘书长利比亚问题特别代表，提出了解决利比亚问题的路线图，但是，由于利比亚东部国民军与民族团结政府支持者的冲突始终没有停止，加上利比亚内部各派的分歧，该路线图没有得到落实。

2019年4月，利比亚国民军对的黎波里发起军事行动，与控制该市的民族团结政府军队交战。2020年1月6日，利比亚国民军从民族团结政府手中夺取了利比亚重要的石油港口城市苏尔特。

2020年1月5日，土耳其宣布应利比亚民族团结政府要求出兵利比亚。土耳其直接派军队强力干预利比亚局势，直接改变了利比亚两大阵营中民族团结政府派相对弱势的局面，致使利比亚局势复杂化。① 在土耳其支持下，民族团结政府逐步收复西部战略要地，重新控制

---

① 罗林等主编《阿拉伯发展报告2020》，社会科学文献出版社，2021，第115页。

首都的黎波里周边并继续向东追击。国民军向东撤退，与民族团结政府在利中部苏尔特—朱夫拉一线对峙。

国际社会积极斡旋，推动利各派重启谈判。2020年1月，联合国牵头的利比亚问题国际会议在德国首都柏林举行，与会各方同意以政治方式而非军事方式解决利比亚问题，并在军事、政治和经济三个轨道上展开谈判（以下称"柏林进程"）。

2020年11月9日至15日，联合国利比亚支助特派团（联利支助团）在突尼斯举行了利比亚政治对话论坛第一次面对面会议。代表利比亚各地区以及主要的政治和社会力量（包括国民代表大会和国家最高委员会）的75名与会者参加了此次论坛。这是冲突后利比亚国内几乎所有主要派别首次聚在一起，认真商讨利比亚的未来，是利比亚政治重建中的最重要的事件之一。11月15日，该论坛通过了一份政治路线图，确定2021年12月24日举行总统和议会选举。

2021年2月5日，利比亚政治对话论坛选举产生新的总统委员会和过渡政府总理，利前驻希腊大使穆罕默德·尤努斯·曼菲当选总统委员会主席，利"未来运动"政党领导人阿卜杜勒·哈米德·德贝巴当选过渡政府总理。3月10日，利比亚国民代表大会批准临时过渡政府即新的民族团结政府成立。德贝巴政府的成立意味着利比亚有了一个统一的全国性政府，这对已经动乱10年的利比亚来说是历史性的。

此后，利比亚政治对话论坛一直就选举和选举立法的宪法基础进行磋商。2021年5月，利比亚政治对话论坛举行虚拟会议，审议论坛法律委员会拟定的选举宪法基础草案。各方对2021年12月24日举行选举的计划没有异议，但是在具体步骤上存在根本性的意见分歧。这些分歧如下：总统选举是应直接投票进行，还是通过选举产生的议会间接进行；是否应首先对永久宪法草案进行全民投票，特别是作为总统直选的先决条件；候选人资格标准，包括军方人员和双重国籍人员特别是在总统选举中的候选资格标准等。直到2021年8月，利比亚政治对话论坛各方都没有达成一致意见。

2021年9月，利比亚国民代表大会议长单方面公布了总统选举法，其中包括候选人标准和国家元首的基本权力。此举遭到包括利比亚最高国家委员会主席哈立德·迈什里在内的多名利比亚政治人物的反对。2021年9月21日，利比亚国民代表大会决定撤销对民族团结政府内阁的信任。

2021年10月，利比亚国民代表大会公布了一项关

第三章 后卡扎菲时代利比亚国家重建的进程

于议会选举的法律，与 2014 年选举使用的法律几乎没有变化。该选举法违背了与利比亚政治对话论坛路线图中总统选举和议会选举同时举行的共识。2021 年 10 月 5 日，利比亚国民代表大会宣布推迟议会选举至 2022 年 1 月。

2021 年 11 月 7 日，在遭到部分利比亚人反对和没有解决选举司法问题的情况下，利比亚选举委员会宣布在 11 月 8—22 日接受总统和议会候选人申请。包括利比亚东部武装国民军领导人哈利法·哈夫塔尔，前临时政府总理阿里·扎伊丹，总统委员会副主席、利比亚原民族团结政府副总理艾哈迈德·奥马尔·马蒂格，国民代表大会议长阿基拉·萨利赫，利比亚原民族团结政府内政部长法西·巴沙贾，民族团结政府总理德贝巴等在内的近 100 名候选人宣布参加总统选举并完成登记。议会候选人的登记工作也于 2021 年 12 月 7 日结束，超过 5 300 人注册。

不过，利比亚各派之间的政治分歧显然对诸多总统候选人的资格提出了挑战。例如，利比亚最高国家委员会领导人哈立德·迈什里和西部指挥官拒绝总统选举法，因为该法允许哈利法·哈夫塔尔和卡扎菲的次子赛义夫·伊斯兰·卡扎菲参选；对于总统选举法中要求候选人在选举前三个月卸任公职的修正案，利比亚各派也存在分歧，相关争论焦点是民族团结政府总理德贝巴是否符合参选条件；还有人以总统选举法禁止持有外国公民为由，对总理德贝巴和哈利法·哈夫塔尔的获准登记提出质疑。①

由于候选人名单的不确定性及其背后深层次的政治分歧，2021年12月11日，利比亚选举委员会发表声明，暂不公布总统候选人名单。随后，为了避免该国重新陷入冲突，12月22日，利比亚选举委员会宣布，原定于2021年12月24日举行的总统选举无法按期举行。利比亚选举再次被搁置起来，利比亚政治路线图被迫无限期推迟。十多年转型之后，利比亚政治重建再次回到了原点。

第二节　利比亚安全重建

在国家重建的四个方面中，安全重建是国家重建其

---

① Christopher M. Blanchard, "Libya: Transition and U. S. Policy," Congressional Research Service, December 28, 2021, accessed April 21, 2023, https://sgp.fas.org/crs/row/RL33142.pdf.

第三章 后卡扎菲时代利比亚国家重建的进程

他方面顺利开展的基础,因为提供公共安全是获得该国人民支持的基本条件;只有当地的人民感到安全,他们才会与执政当局和其他介入方进行合作。因此,在某种意义上,一个国家如果没有一个安全的环境,国家重建的其他三个方面就无法真正开展,也很难完全转型成功。

一、卡扎菲政权被推翻后利比亚的安全现状

卡扎菲政权被推翻后,全国的安全形势一直没有根本好转,并在一定时间内呈现出不断恶化的趋势,利比亚安全进入了"三失"困境——游击队和民兵的失控、安全治理机制的失范和地区局势的失衡。

首先,利比亚各种游击队和民兵组织"不断壮大",冲突不断,日益脱离现有法律体系的监管,呈现失控状态。在卡扎菲时代,尽管存在不少反政府势力,但在相当长时间内,利比亚政府通过庞大的官僚体制和高压政策基本上可以实现国家的稳定。然而,自从2011年2月利比亚国内冲突爆发后,一大批新的行为体出现在利比亚的军事和政治舞台,其中就包括多得难以统计的武装团体。2013年,利比亚境内活跃着超过1 700个民兵组

织，人数已经超过 20 万人。① 而到了 2021 年，在利比亚官方部门登记的安全人员又飙升到 40 万人。② 在后卡扎菲时代，在国内冲突中不断崛起的游击队和民兵组织不仅在数量上急剧增加，其行为也日益失去监管。这些组织抢劫财物，设立关卡，私自逮捕和扣留犯罪嫌疑人，制造爆炸事件，占领机场和油田，走私武器，贩卖军火，袭击警察和军队，公然围攻政府机构，绑架包括利比亚总理在内的政府官员，迫使政府作出让步等。

从 2014 年 5 月以来，利比亚民兵武装组织挟武逞强、割据日甚，正转变为军力雄厚、盘踞一方、掌控重要经济资源的军阀；民兵武装组织分野日渐明晰。亲世俗的哈夫塔尔的国民军与津坦的民兵武装合作，而利比亚革命者战斗部、"2·17 烈士旅"、班加西的安萨尔旅、德尔纳的安萨尔旅等伊斯兰武装组织则结成同盟，形成激烈对峙的两大军阀集团；利东部伊斯兰武装组织如安萨尔旅、阿布·萨利姆烈士旅等借"倒卡"战争而崛

---

① 王涛、彭琳：《利比亚民兵组织的历史透视与现状解析》，《中东研究》2018 年第 2 期，第 89 页。

② Badi, Emadeddin, Gallet, Archibald, Maggi, Roberta (eds.), *The Road to Stability: Rethinking Security Sector Reform in Post-Conflict Libya* (Geneva: DCAF, 2021), accessed April 21, 2023, https://www.dcaf.ch/sites/default/files/publications/documents/The_Road_to_Stability11.11.2021.pdf.

起，对内推行伊斯兰教法，对外支持"圣战"、实施暴恐。① 随着利比亚危机加剧，民兵武装之间的冲突也日益升级，武装团体继续建立自己的治理机构并提供服务——特别是安全，这进一步分裂了利比亚的政治格局。

其次，利比亚的安全机制存在着巨大的缺失，执政当局的强力部门无法为民众提供必要的安全保障。早在卡扎菲统治时期，利比亚的安全部门就存在着碎片化、非集中化的特点。卡扎菲以军事政变起家，在他刚刚上台的时候，还是十分重视军队建设的，但当1975年革命指挥委员会2名成员发动政变的企图被挫败后，卡扎菲终止了建立一支强大的职业军队的设想，开始了军队的个性化和碎片化的进程，以便保护自身的安全。② 1988年9月，卡扎菲在"九月革命"19周年纪念日宣布了废除国家正规军与警察的计划，取而代之以新的民兵组织。1991—1992年，卡扎菲建议将全国分为1 500个自治公社，每个公社负责自身的国防事宜。有观察家认为，卡扎菲的想法实际上很简单，就是为了再一次将军队碎片

---

① 秦天：《利比亚民兵武装组织》，《国际研究参考》2014年第10期，第31—35页。
② Dirk Vandewalle, *A History of Modern Libya* (New York: Cambridge University Press, 2006) .

化，降低未来军事政变的可能性。①实际上，在进入 21 世纪之初，卡扎菲就已经构建了一个高度分裂的军事部门。为了加强对军队的控制，卡扎菲还逐步将自己部落的成员和家族的成员安排到军队和安全部门担任要职，并且通过不断更换政府官员来确保其对自己的忠诚。由于安全部门的官员是根据种族和出身而不是根据能力获得升迁，因此武装部队整体上士气低下、缺乏凝聚力。更为严重的是，许多部队的装备严重过时，缺乏维护，还有一些部队仅仅是名义存在，先前估计约有 7.6 万人的武装部队，实际上只有 2 万人。②

在重建初期，利比亚也颁布了相关的法律，初步建立了内政部和国防部等强力部门，名义上拥有了包括"利比亚之盾"（the Libya Shield Force）和"最高安全委员会"（the Supreme Security Committee）③ 等在内的准军事部队，但利比亚的安全部门依然严重失范。利比亚没有一支真正属于政府控制的全国统一的国防军和警察部

---

① 罗纳德·布鲁斯·圣约翰：《利比亚史》，韩志斌译，中国出版集团东方出版中心，2011，第 171 页。
② 江涛：《后卡扎菲时代的利比亚国家安全治理》，《国际展望》2014 年第 3 期，第 97 页。
③ "利比亚之盾"和"最高安全委员会"是利比亚执政当局为了整合利比亚武装派别而建立起来的准军事力量。

第三章 后卡扎菲时代利比亚国家重建的进程

队,无法为包括首都在内的主要城市提供最基本的安全保证。利比亚陆军参谋长曾经指责扎伊丹政府不希望组建一支国家军队,相反正试图建立一个与军队平行的国民警卫队。①2013年5月,利比亚当局通过了《政治隔离法》,对卡扎菲政权官员进行"清算",不仅引发利比亚新一轮的政坛动荡、加剧国内动荡,而且导致相当数量的军队指挥官被迫辞职,进一步削弱了利比亚军队实力。②

此外,针对外国人特别是领馆和使馆工作人员的恐怖袭击时有发生,而利比亚政府对此束手无策。从2012年6月到8月,在米苏拉塔和班加西先后五次发生针对红十字国际委员会的暴力行为。而2012年6月到2013年8月,突尼斯和美国驻班加西领事馆,法国、意大利及阿拉伯联合酋长国驻利比亚大使馆等外国使领馆工作人员先后遭到不同程度的武装袭击。这些袭击虽然规模不大,但的确反映出利比亚安全治理的缺失,损害了利比亚在国际上的国家形象,也给在利比亚的外国人心理

---

① 中国驻利比亚经商参处:《陆军参谋长批评阿里扎伊丹不注重利比亚军队建设》,环球网,2013年7月16日,https://china.huanqiu.com/article/9CaKrnJBmb3,访问日期:2023年4月21日。
② 王秋韵、尹炣:《利比亚"政治隔离法"恐加剧动荡》,新华网,2013年5月10日,http://news.xinhuanet.com/world/2013-05-10/c_115721660.htm,访问日期:2023年4月21日。

上造成了极大的恐慌。

最后，利比亚的安全局势已经产生了重大的外溢效应，导致整个马格里布地区原有安全格局的失衡，并对整个北非和中东地区的稳定构成新的威胁。就人口和国土面积来说，利比亚是马格里布和北非地区的重要国家，对周边的国家的影响很大。卡扎菲政权被推翻后，整个马格里布和北非的安全结构发生了重大变化，失去了原有的平衡状态。第一，由于无法保证边界安全，利比亚与周边国家的非法越界、各类武器和毒品走私更加猖獗。利比亚南部与尼日尔接壤，该地区是沙漠地带，安全力量薄弱，走私问题严重，该地区的走私历史已经超过2 000年，现在似乎更加严重。2013年8月，突尼斯政府宣布，为保护国家安全，防止恐怖分子潜入境内，决定在与利比亚和阿尔及利亚边界地区设立军事隔离区。第二，利比亚战争爆发后，大量卡扎菲招募的图阿雷格军人重返马里，致使马里北部的政治生态发生了巨大变化，直接导致了北部分裂主义运动的内部政治生态激变，刺激了马里和整个西部非洲的恐怖主义活动，致使马里安全局势日趋复杂，最后导致法国和其他国家出兵干预。第三，利比亚的安全真空进一步刺激包括基地组织在内的极端势力的兴起。自中东政治动荡以来，基地组织在

第三章 后卡扎菲时代利比亚国家重建的进程

利比亚东部地区、马里北部地区、西奈半岛、叙利亚等多地建设了安全庇护所。该组织的北非分支——"伊斯兰马格里布基地组织"（AQIM），是势力增长最快的一个分支组织。2013年1月，该组织在阿尔及利亚绑架了多名西方人质。该地区非常有可能成为全球恐怖主义威胁新的策源地之一。

2014年利比亚第二次内战爆发后，域内外国家出于不同战略需要，利用利比亚战乱或实现自身地缘政治经济议程，或牵制战略竞争者，缓解自身在其他地区热点上的困境或压力，甚至以利比亚战乱为筹码，谋求达成利益置换。利比亚代理人战争推升沙特阿拉伯与土耳其角逐全域化和白热化，致使土耳其与美欧关系裂痕加深，催生欧洲内部龃龉，也为恐怖主义在阿拉伯马格里布地区蔓延以及向非洲萨赫勒地区扩张提供了新机遇。①

二、后卡时代利比亚政府的安全重建努力

对于经历了冲突或者内战后的国家而言，安全重建的路径和具体内容尚没有统一的模式，但也不可能完全

---

① 董漫远：《利比亚代理人战争的跨地区影响及走向》，《国际问题研究》2020年第4期，第99—108页。

一致。但是一般来说,安全重建至少包括下面几个方面。第一,对目标国的敌对状况进行的控制。各派力量实现停火,打击针对占领当局的反叛行动,为和平协议的实施建立一个安全环境,解除敌对各个派别武装,收缴武器,保证军队复员,让士兵重新融入机制。第二,保证目标国的国土安全。建立边界监督机制,防止武器走私行为,加强对边界与边境的控制。第三,保护民众和重要人物、设施和机构。第四,重建国内安全机制,特别是重建国家武装部队、警察和安全部队。第五,采取措施保证地区的安全形势。①

就冲突后的利比亚而言,安全重建中最重要的任务是重建利比亚的安全机制,解除各种游击队和军事集团的武装,致使武装人员融入合法的安全组织或者回归平民的生活。从2011年到2018年,利比亚得到国际社会承认的中央政府、自封的中央政府和部分地方军阀都推出了各种安全部队重组计划。

为了将内战中与卡扎菲作战的游击队纳入国家机构,让武装分子回归社会,2012年,利比亚的执政当局成立了士兵事务委员会,后来改名为利比亚重返社会和发展

---

① 江涛:《后冲突时代的秩序重塑——美国在海外的国家重建行动研究》,世界知识出版社,2009,第57—59页。

第三章 后卡扎菲时代利比亚国家重建的进程

计划。该委员会登记了超过 25 万名自称是革命战斗人员，但名单上实际还包括众多的失业青年和激进组织成员。根据士兵事务委员会记录，有数十万人被列入了国家工资单，但由于预算有限，士兵事务委员会只能为少数注册人员提供职业培训。更为重要的是，委员会无法说服民兵交出武器并重新融入社会，因为它没有必要的资源或能力来鼓励他们。利比亚民族主义者和世俗力量认为士兵事务委员会的始作俑者是穆斯林兄弟会，从而对该计划极度不信任。不久，该计划在最初的预算耗尽后被迫中断。①

另外，为了解决利比亚的武装团体和游击队的问题，并为利比亚人提供安全保证，利比亚"过渡委"还建立了"最高安全委员会"和"利比亚之盾"两个准军事力量。利比亚"最高安全委员会"于 2011 年 10 月在的黎波里成立，隶属利比亚内政部。该机构汇集了各种武装派系，主要履行警务职责，也包括处理来自前政权的威胁。2011 年 12 月，利比亚"过渡委"授予"最高安全委员会"进行调查和逮捕的权力。该武装力量最初的计

---

① Hamzeh al-Shadeedi, Erwin van Veen & Jalel Harchaoui, "One Thousand and One Failings: Security Sector Stabilisation and Development in Libya," *CRU Report*, April 2020, accessed April 21, 2023, https://www.clingendael.org/sites/default/files/2020-04/one-thousand-and-one-failings.pdf.

划是吸收 25 000 人，但是最后登记的人员高达 160 000 人，实际的人数在 60 000 人左右。最高安全委员会在各个城市（首都除外）设有分部，每个分部包括打击犯罪委员会、支持部队、精英部队、快速反应部队等。2014 年，"最高安全委员会"名义上被正式解散，其成员或成为警察部队或加入其他武装组织。在利比亚最高安全委员会中，各个武装派系保持高度自治，可以从国家领取工资。①

"利比亚之盾"于 2012 年 3 月成立，隶属国防部。利比亚执政当局希望通过改造的方式来收编在利比亚内战中的武装力量。该部队按照其地理位置分为维斯塔盾牌部队（Vusta Shield）、西部盾牌部队（the West Shield）、班加西的第一盾牌部队（the 1st Shield Force in Benghazi）等 12 支部队。利比亚之盾的主要任务是保障利比亚安全，监督武装团体，减少部落和地区之间的冲突。利比亚之盾与警察或军事部队合作，以实现这些任务。利比亚之盾由政府支付工资，在名义上服从利比亚国防部部

---

① Murat Aslan, Emrah Kekilli, Bilal Salaymeh, Veysel Kurt, Necdet Özçelik, "Security Sector Reform for Libya a Crucial Step towards State Building," Statistical, Economic and Social Research and Training Centre for Islamic Countries（SESRIC）2020, accessed April 21, 2023, https://sesricdiag.blob.core.windows.net/sesric-site-blob/files/article/763.pdf.

第三章　后卡扎菲时代利比亚国家重建的进程

长的管辖。①

在这两项计划中,"过渡委"允许武装团体整体加入,这不仅使团体保持了凝聚力,从而保持了他们的利益,而且鼓励团体在缺乏可靠的审查机制和登记制度的情况下夸大其规模。"过渡委"向武装派别支付团体工资,而不是向战斗人员支付个人工资,这致使个人效忠于武装派别而不是利比亚中央政府。利比亚的内政部和国防部软弱无能,沟通、指挥和控制能力不足,允许武装团体指挥官在当地保留实际权力和权威。最高安全委员会和利比亚之盾的武装派别能够利用公共资源为其战斗人员提供资金,同时通过合法活动继续获得当地资源。武装派别拒绝解散或遣散,因为他们无法在其他地方找到更好的就业机会。他们还拒绝全面整合,因为他们认为这是一种剥夺他们影响力的策略。2014年7月,的黎波里爆发冲突后,这两项倡议也被迫放弃。②

---

① Murat Aslan, Emrah Kekilli, Bilal Salaymeh, Veysel Kurt, Necdet Özçelik, "Security Sector Reform for Libya a Crucial Step towards State Building," Statistical, Economic and Social Research and Training Centre for Islamic Countries (SESRIC) 2020, accessed April 21, 2023, https://sesricdiag.blob.core.windows.net/sesric-site-blob/files/article/763.pdf.
② Frederic Wehrey, "Ending Libya's Civil War: Reconciling Politics, Rebuilding Security," Beirut: Carnegie Middle East Center, 2014, accessed April 21, 2023, https://carnegieendowment.org/files/ending_libya_civ_war.pdf.

2012年底，联利支助团建议组建一个类似"国民警卫队"（the Libyan Territorial Army）的武装力量，由三个旅组成，执行警察和安全职责。这一想法得到了国际社会、美国、英国和欧盟的支持，并得到了一些利比亚官员的支持。但是在忠于卡扎菲的部落、部分军官和许多革命团体的反对下仍然以失败而告终。

2014年，利比亚两大联盟——利比亚"黎明联盟"和利比亚"尊严联盟"之间的冲突几乎对所有的军事组织产生了重要的影响，并在事实上结束了现有的安全部队重建和解除武装、复员和重返社会计划。

此后，利比亚得到国际社会承认的中央政府或者地方派系先后又建立了利比亚联合政府的总统卫队（the Presidential Guard）、的黎波里保护部队（the Tripoli Protection Force）等武装力量，但是利比亚的全国性的安全机制重建计划要么是纸上谈兵，要么是半途而废。①

---

① Hamzeh al-Shadeedi, Erwin van Veen & Jalel Harchaoui, "One Thousand and One Failings: Security Sector Stabilisation and Development in Libya," *CRU Report*, April 2020, accessed April 21, 2023, https://www.clingendael.org/sites/default/files/2020-04/one-thousand-and-one-failings.pdf.

三、利比亚安全重建陷入困境的动因与出路

在推翻卡扎菲政权后，利比亚的安全重建形势之所以陷入"三失"的困境，原因是多方面的。但是最重要的原因是在重建初期，利比亚执政当局没有抓住有利时机，无心也无力及时解决内战中的武装力量和民兵游击队问题，致使这些武装集团做大做强，最终控制了利比亚的执政当局。

如前所述，利比亚安全重建的核心钥匙在于处理好利比亚形形色色的武装力量和民兵游击队。利比亚的武装组织和民兵游击队形形色色，种类繁多，但是大致上可以分为世俗性民兵组织、宗教性民兵组织和地方部落民兵三类。① 目前，在利比亚比较重要的武装组织主要是以下几个：哈夫塔尔领导的国民军、以的黎波里为基地的武装团体（主要包括的黎波里革命旅、纳瓦西旅、特别威慑部队以及阿布萨利姆中央安全部队）、利比亚西部和北部力量最强的以米苏拉塔为基地的武装团体，以及津坦民兵集团（西部津坦及纳夫萨山区多支民兵武

---

① 王涛、彭琳：《利比亚民兵组织的历史透视与现状解析》，《中东研究》2018年第2期，第95页。

装组织的集合体）等。①

  这些游击队的存在有一定的合理性，已经并且仍在发挥重要的维稳作用。尽管这些武装组织鱼龙混杂，但在反对卡扎菲的内战中发挥了重要作用，尤其是来自米苏拉塔、津坦和班加西等地的游击队。在冲突结束后，由于没有警察和军队愿意或者被使用来维护冲突后的安全环境，"过渡委"和利比亚执政当局又拒绝任何外国支持，于是利比亚出现了安全真空，这只能靠互助组织、游击队、革命旅甚至武装劫匪来填补。在可预见的将来，利比亚执政当局安全治理能力依然虚弱，无暇顾及利比亚的各个城市和乡村，由游击队提供稳定的模式将延续下去。

  此外，在冲突后，许多游击队和武装组织无法或者不能约束其成员及其行为，致使其越来越成为社会稳定和国家发展的毒瘤。更值得关注的是，这些先前被认为是乌合之众的游击队已有不少向正规部队转变，开始采取类似政府运作和管理的形式。此外，随着利比亚政治重建步伐的加快，武装组织也开始介入利比亚政治的两

---

① Buyisile Ntaka & László Csicsmann, "Non-state Armed Groups and Statebuilding in the Arab Region: The Case of Post-Gaddafi Libya," *South African Journal of International Affairs* 28, no. 4 (2021): 629-649.

极化，其负面性日益显现，彻底解决该问题的压力日益紧迫。国际社会和利比亚国内派别都看到了解决利比亚游击队的紧迫性，但是如何彻底解决该问题并没有达成共识。在解决游击队武装的问题上，利比亚执政当局面临着两难的困境：在建立强有力的国家军队前无法解散所有的武装组织，而不解散所有的武装组织就无法建立强有力的国家军队。①

在卡扎菲政权被推翻后，利比亚执政当局并没有抓住有利时机，大力加强安全部门的建设。即便在重建初期的几项有限的尝试中，利比亚执政当局也犯了严重的错误或者作出了严重的误判。比如，利比亚执政当局试图将武装团体整体整合到新的安全机制中，而不是将原来的武装团体以个体的形式打散来整合，这相当于变相允许团体保持凝聚力。再如，执政当局也没有提出有效的激励措施来吸引武装团体领导人，给安全机构的权限不明确，支付了不合理的工资，在组建（或整合）新的

---

① Jason Pack, "In War's Wake: The Struggle for Post-Qadhafi Libya," *Policy Focus*, no. 118, The Washington Institute for Near East Policy, February 2012, accessed April 21, 2023, https://www.washingtoninstitute.org/media/3316?disposition=attachment.

安全部队时也没有考虑地域代表性等问题。①

除了没有及时、准确和快速解决游击队问题以外，利比亚安全结构的历史缺陷和外部行为体的干预也是利比亚安全格局陷入困境的重要诱因。卡扎菲在利比亚统治40多年，给利比亚的安全结构留下了巨大的缺陷。在卡扎菲统治时期，利比亚军队基本的目标是不对卡扎菲政权构成威胁，因此大多数时候缺乏主动性，反应迟缓。即使合法的政治领导人可以实现改革，也无法成为革命后的有效力量。冲突结束后，利比亚军队犹豫不决，反应迟缓，坐视地区指挥官领导的武装团体主导了安全领域。而这些武装团体由于缺乏战略军事培训和经验而不再服从统一的政令。② 国际行为体也介入了利比亚内部冲突，土耳其、卡塔尔、意大利等支持西部政府；埃及、阿拉伯联合酋长国、沙特阿拉伯、法国

---

① Hamzeh al-Shadeedi, Erwin van Veen & Jalel Harchaoui, "One Thousand and One Failings: Security Sector Stabilisation and Development in Libya," *CRU Report*, April 2020, accessed April 21, 2023, https://www.clingendael.org/sites/default/files/2020-04/one-thousand-and-one-failings.pdf.

② Murat Aslan, Emrah Kekilli, Bilal Salaymeh, Veysel Kurt, Necdet Özçelik, "Security Sector Reform for Libya a Crucial Step towards State Building," Statistical, Economic and Social Research and Training Centre for Islamic Countries (SESRIC) 2020, accessed April 21, 2023, https://sesricdiag.blob.core.windows.net/sesric-site-blob/files/article/763.pdf.

第三章　后卡扎菲时代利比亚国家重建的进程

等支持东部力量,①外部行为体的支持或者无所作为进一步加剧了利比亚安全格局的分裂。

如何打破目前利比亚的安全困境,进而完成利比亚安全重建的艰巨任务呢?

第一,集各方之力,制定出宏观且长期的利比亚安全治理路线图。尽管利比亚执政当局围绕重建的政治路线图较为清晰,但其安全重建的思路仍模糊不清,因此利比亚安全治理的当务之急是强化顶层设计,勾勒未来几年的治理路线图。这份路线图至少应该包括宏观的架构、安全与司法保证、民事管理和民主监督、冲突后时代的相关活动以及期待解决的突出问题等。联合国在维护世界和平、缓和国际紧张局势和解决地区冲突方面发挥了积极的作用,在冲突后重建中,联合国有着丰富的经验,由联合国牵头,召开有关利益方参加的高层会议制定这样的路线图是可行的。

第二,必须着力解决当前利比亚安全治理中的"三失"问题。首先,针对不断壮大的游击队,应对其区别对待,通过国家强力部门尽可能给予彻底铲除或者先采取临时稳定措施,然后借鉴南非和科索沃的经验,给予

---

① 王金岩:《利比亚战后乱局中的外部干预》,《现代国际关系》2020年第3期,第58页。

一定时期的特殊安排，再按照解除武装、复员和重返社会及安全部门改革方法逐步消化。当前，利比亚安全治理无法像其他国家那样自上而下地解除武装、复员和重返社会、进行安全部门改革，而是应该从地方治理开始，将安全问题和政治问题结合起来，通过谈判首先寻求稳定，减少暴力，实现最低限度的安全和正义，然后渐次从消极和平过渡到积极和平，为安全部门改革奠定基础。①

第三，必须加强安全部门的制度建设，加快建立协调型的机构，可以利用制定宪法这一契机，建立更为广泛的全国和解机构。与此同时，必须加快国家武装部队建设，组建特殊力量来保护特定的机构和重要人物，保护个人财产、工厂及重要设施和建筑，建立信息与情报的共享机制等。

第四，与利比亚重建相关的各重要外部行为体应发挥建设性作用，高度重视利比亚动荡的外溢效应，与利比亚当局密切合作，谋求地区局势的稳定。鉴于在干预中充当急先锋的法国、英国、美国以及北约等西方国家

---

① Emadeddin Badi, Archibald Gallet, Roberta Maggi, "The Road to Stability: Rethinking Security Sector Reform in Post-Conflict Libya," The Geneva Centre for Security Sector Governance, accessed April 21, 2023, https://www.dcaf.ch/sites/default/files/publications/documents/The_ Road_ to_ Stability11. 11. 2021. pdf.

和组织无意广泛介入利比亚的重建行动,阿拉伯国家联盟和非洲联盟没有足够能力和军事力量单独部署维和行动,由联合国主导,将联合国利比亚支助特派团升级为维持和平行动,建立类似应对马里危机那样的多层面综合稳定团有可能是一个优先选项。

第五,组建一个总理直接领导的综合协调机构,形成利比亚重建的合力。当前,参与利比亚重建的有国际组织和地区组织,有政府组织和非政府组织,有国家主体,也有个人行为体。尽管不同机构、部门和个人在国家重建过程中发挥着不同的功能,但历史经验表明,这些行为体的行动往往是单独进行的,缺乏相互协调。这样,加强介入国家重建各个行为体之间的联系,建立一支经验丰富、有实际操作能力的民事和军事力量十分必要。因此,有必要根据具体情况,提供必要的资源,建立一个各方能够接受的协调机构,由其来执行评估和制定计划、提供监督和指导等任务,以便各利益方能够形成合力。

四、利比亚安全重建的进展和前景

2020年,利比亚安全形势出现了重大转机。2020年

2月3—8日，在联利支助团主持下，利比亚国际会议确定的联合军事委员会在日内瓦举行了第一次会议。民族团结政府和利比亚国民军代表团各由5名军事和安全官员（"5+5利比亚联合军事委员会"）组成，在会上讨论了临时安全措施和停火安排。2020年8月，利比亚冲突的两大主要力量——民族团结政府和国民代表大会相继宣布停火。

2020年10月23日，"5+5利比亚联合军事委员会"各方代表团在日内瓦签署了一份全国性"永久"停火协议。该协议要求所有军事单位和武装团体撤离前线，并要求雇佣军和外国战斗人员离开利比亚领土。协议还要求建立一个利比亚人主导和利比亚人自主掌握的停火监督机制——"5+5利比亚联合军事委员会"。

进入2021年，"5+5利比亚联合军事委员会"继续展开对话，就一些具体的安全安排和进一步执行停火的计划取得了一致意见。2021年7月，"5+5利比亚联合军事委员会"监督部队从前线地区撤出，重新开放了连接苏尔特和利比亚西部的沿海公路。利比亚西部的部队已向西北撤退至米苏拉塔，而利比亚国民军的武装开始向东南方向重新集结。2021年10月8日，"5+5利比亚联合军事委员会"在日内瓦经过谈判，同意签署一个旨

第三章 后卡扎菲时代利比亚国家重建的进程

在让雇佣军和外国军队从利比亚"逐步、平稳、有序地"撤出的初步协议。根据该协议,外国军队将分四个阶段在 2023 年前"以同步、分阶段、渐进和平衡的方式"撤出利比亚。①

整体来看,自从 2020 年 10 月利比亚各方宣布正式停火以来,协议基本上得到了遵守,利比亚的安全形势出现了积极的改善势头。

不过,利比亚的和平局面依然十分脆弱。利比亚安全重建的核心问题——包括各种各样的民兵在内的 4 万多名利比亚安全人员解除武装、复员和重返社会(DDR)、安全部门改革(SSR)没有取得任何实质性进展。而且,民兵网络利用自己的暴力能力来谋求社会政治等级中的高级职位。伴随武装动员,违反武器禁运的行为仍在继续。2021 年 12 月,联合国小组的一份报告指出,与 2020 年相比,2021 年违反利比亚武器禁运的事件有所减少,但外国战斗人员的"持续存在""仍然是一个严重威胁"。被禁武器的"快速交付"已经减弱,但"武器

---

① Christopher M. Blanchard, "Libya: Transition and U. S. Policy," Congressional Research Service, December 28, 2021, accessed April 21, 2023, https://sgp.fas.org/crs/row/RL33142.pdf.

禁运仍然完全无效"。①

在利比亚 2021 年预定的选举到来之前,利比亚的安全形势再度紧张。2021 年 10 月,利比亚内政部在的黎波里的吉尔加尔地区对"毒贩"进行了突袭,的黎波里和扎维亚部分地区民兵之间的对抗剧增。11 月,利比亚多地发生了武装分子采取武力手段干扰选举进程。② 12 月,武装团体袭击了的黎波里南部的选举中心,盗取了选民卡。在利比亚民族团结政府决定更换的黎波里地区的安全指挥官后,的黎波里武装团体将自己安置在总理办公室外。③ 12 月 16 日,"穆兄会"下属民兵组织"坚强旅"武装占领了位于利比亚首都的黎波里的民族团结政府总部和国防部大楼。④

---

① UN, "Fewer Libya Arms Embargo Breaches but Foreign Fighters Remain," Asharq Al-Awsat Newspaper, December 1, 2021, accessed April 21, 2023, https://english.aawsat.com/home/article/3334651/un-fewer-libya-arms-embargo-breaches-foreign-fighters-remain.

② Konrad Adenauer Stiftung (KAS), "Inside Libya: November 2021 No.16," Konrad Adenauer Foundation, November 1, 2021, accessed April 21, 2023, https://www.kas.de/documents/282499/282548/Inside+Libya+-+November+Edition.pdf/74177ccd-f606-4179-1b5f-228af1e39c6f?version=1.0&t=1635771140029.

③ Christopher M. Blanchard, "Libya: Transition and U.S. Policy," Congressional Research Service, December 28, 2021, accessed April 21, 2023, https://sgp.fas.org/crs/row/RL33142.pdf.

④ 《利比亚武装人员占领民族团结政府大楼》,俄罗斯卫星通讯社,2021 年 12 月 16 日,https://sputniknews.cn/20211216/1034979206.html,访问时间:2022 年 1 月 9 日。

第三章　后卡扎菲时代利比亚国家重建的进程

2021年底，利比亚选举没有按期举行。进入2022年后，利比亚境内的停火得到维持，但其整体安全状况已受到长时间政治僵局的不利影响，安全局势十分脆弱。

第三节　利比亚经济重建[①]

在冲突后的重建中，经济重建的重要性显然不可忽视。不恢复经济就没有和平。同时，人民需要实际的证明，他们的环境正在向好的方向改变。人们必须从重建中获得好处才能支持重建的进程，合法的经济发展对于实现和平十分重要。一般来说，经济重建目标是提供紧急的人道主义需要、建立发展的基础和使长期发展项目制度化。主要措施包括两个方面：一方面提供人道主义援助和社会福利；另一方面恢复经济，促进繁荣。[②]

[①] 对外经济贸易大学姜荣春副研究员对本节亦有重要贡献。
[②] 江涛：《后冲突时代的秩序重塑：美国在海外的国家重建行动研究》，世界知识出版社，2009，第61—62页。

一、利比亚经济重建的背景

利比亚的国土面积约176万平方千米，是非洲面积最大的国家之一。利比亚大部分领土是撒哈拉沙漠的一部分，90%以上是沙漠和半沙漠的干涸高原，① 自然条件十分恶劣。20世纪50年代，利比亚发现了丰富的油石油和天然气资源，根据英国石油公司（BP）的统计，截至2019年底，利比亚石油已探明储量约为484亿桶，占世界探明储量的2.8%，天然气探明储量约1.4亿立方米，占世界探明储量的0.7%。②

独立之初，利比亚是一个贫穷落后的农牧国，人均国内生产总值仅为43美元。国家除了出口一些本地特色的农产品和手工业品之外，几乎没有其他的收入。中央政府财政收入的主要来源是以英、美为首的西方国家给利比亚政府提供的各种救济。③ 经济学家本杰明·希金斯曾经指出，利比亚几乎可以被看作一个贫穷国家的原

---

① 韩志斌等：《利比亚史》，商务印书馆，2022，第3页。
② BP, *Statistical Review of World Energy 2020*, accessed April 21, 2023, https://www.bp.com/content/dam/bp/business-sites/en/global/corporate/pdfs/energy-economics/statistical-review/bp-stats-review-2020-full-report.pdf.
③ 刘明：《利比亚公有计划经济体制初探（1970—1980）》，硕士学位论文，西北大学，2010，第6页。

第三章 后卡扎菲时代利比亚国家重建的进程

型……大多数人生活在维持生计的水平上，人均收入远低于每年 40 美元，没有电，没有矿产资源，农业发展受到气候条件的严重限制，缺少资本，没有熟练的劳动力，没有本土企业家……如果利比亚能够步入持续增长的阶段，世界上每个国家都有希望。①

20 世纪 50 年代后期，利比亚发现了石油资源。60 年代开始出口石油，这导致利比亚经济发生了翻天覆地的变化。利比亚的国内生产总值增加了，生活水平得到了改善，利比亚经济从原始的农业经济转变为以石油为基础的经济。不过，利比亚的石油经济在相当长的时间内并没有给普通民众带来真正的生活改善。②

1969 年，利比亚爆发了"九月革命"。革命后成立的新政府，在经济领域大规模实行国有化和限制私有经济发展的方针。利比亚政府将外商经营的所有工厂企业，包括石油公司、银行、铁路、外贸公司和保险公司等收归国有，意大利人在利比亚的全部地产也由政府收回。经过斗争，利比亚政府陆续将外国石油公司的全部或 51% 的股份收归国有。20 世纪 70 年代，利比亚利用国际

---

① Benjamin Higgins, *Economic Development* (New York: W. W. Norton & Co., Inc., 1959), pp. 26-27.

② 潘蓓英编著：《列国志：利比亚》，社会科学文献出版社，2007，第 118 页。

市场石油价格大幅上涨的时机大量增加石油产量和出口量，国家财政收入大大增加。1970年12月，利比亚成立了国家石油公司，① 代表政府控制了全国70%的石油生产，从而掌握了国民经济命脉。丰厚的石油收入为发展民族经济奠定了物质基础，成为利比亚国民经济的主要支柱。②

从20世纪80年代到2011年利比亚爆发内部冲突，利比亚的经济经历了一个较为曲折和艰难的发展过程。80年代，受国际石油市场的冲击，利比亚经济陷入衰退，1981—1987年，国内生产总值基本上是负增长。90年代，联合国和西方国家因洛克比空难等问题对利比亚进行了严厉的经济制裁，利比亚国家收入大幅下降，大大影响了建设资金的积累，经济严重衰退。到2000年，利比亚国内生产总值只与1980年规模大致相当。

进入21世纪后，卡扎菲政权对外缓和与美国等西方国家的关系，对内进行了旨在自由化、多元化、私有化的改革，经济有了明显的恢复和发展。到2010年，利比亚国内生产总值为689.7亿美元，同比增长超过3.2%，

---

① "NOC in Brief," https://noc.ly/index.php/en/about-us-2.
② 潘蓓英编著：《列国志：利比亚》，社会科学文献出版社，2007，第120页。

第三章 后卡扎菲时代利比亚国家重建的进程

人均国内生产总值超过 11 420 美元（见表3-1）。

表 3-1 利比亚经济发展数据（1980—2010 年）

年份	国内生产总值（当前价格，单位：10亿美元）	人均国内生产总值（当前价格，单位：美元）	实际国内生产总值增长（%/年）
1980	38.94	13 030	0.6
1981	33.64	10 760	−20
1982	33.54	10 250	1.5
1983	31.96	9 370	−4.7
1984	29.93	8 410	−8.3
1985	29.44	8 320	0.6
1986	23.99	6 520	−11.4
1987	22.29	5 820	−14.7
1988	25.07	5 800	7.6
1989	26.59	5 880	7.2
1990	30.64	7 190	3.7
1991	33.91	7 780	15.7
1992	34.36	7 700	−2.7
1993	30.92	6 780	−3.8
1994	28.80	6 190	1.9

续表

年份	国内生产总值（当前价格，单位：10亿美元）	人均国内生产总值（当前价格，单位：美元）	实际国内生产总值增长（%/年）
1995	32.69	6 880	−12.4
1996	35.68	7 370	2.6
1997	36.53	7 420	−0.6
1998	29.96	5 980	−0.4
1999	35.98	7 070	0.5
2000	38.27	7 390	3.7
2001	34.11	6 490	−1.8
2002	20.47	3 830	−1
2003	26.19	4 830	13
2004	33	5 990	4.5
2005	47.34	8 470	11.9
2006	54.96	9 660	6.5
2007	67.69	11 710	6.4
2008	73.92	12 570	−18.4
2009	50.81	8 520	−3
2010	68.97	11 420	3.2

资料来源：国际货币基金组织，2020年10月数据。

第三章 后卡扎菲时代利比亚国家重建的进程

二、后卡扎菲时代利比亚的经济重建进程

2011年的内战给利比亚的经济带来了严重的影响,利比亚的石油产量由2010年的每天170万桶下降到不足50万桶。① 由于石油产量是利比亚的主要产品和收入来源,石油产量的下降导致利比亚2011年的国内生产总值比2010年大幅度下降,只有320亿美元。2011年,居民消费价格平均上涨16%,通货膨胀率达到近30%,预算从持续增加变为赤字占国内生产总值的27%。②

利比亚的经济在2012年迅速复苏。2012年,利比亚石油产量每日约140万—150万桶,基本达到内战前的水平,利比亚的国内生产总值反弹并增长了120%以上。③

---

① Mohsin Khan and Karim Mezran, "The Libyan Economy after the Revolution: Still No Clear Vision," accessed April 21, 2023, https://www.atlanticcouncil»org/images/publications/libyan_economy_after_revolution_no_clear_vision.pdf.

② International Monetary Fund, "Arab Countries in Transition: Economic Outlook and Key Challenges," October 12, 2012, accessed August 3, 2021, https://www.imf.org/-/media/Websites/IMF/imported-full-text-pdf/external/np/pp/eng/2012/_101212b.ashx.

③ International Monetary Fund, "Arab Countries in Transition: Economic Outlook and Key Challenges," April 19, 2013, accessed August 3, 2021, https://www.imf.org/-/media/Websites/IMF/imported-full-text-pdf/external/np/pp/eng/2013/_041613.ashx, accessed 2021-8-3.

不过,利比亚经济的这种报复性增长没有持续多久。2013年7月,易卜拉欣·贾德兰领导的石油设施卫队占领并封锁了利比亚三个最重要的石油港口,致使利比亚的石油每天至少损失3 000万美元。[①] 到2013年9月底,利比亚石油产量只维持了产能的40%,只有每天60万桶,远远低于预期的每天170万桶。[②] 该石油港口的封锁一直持续到2016年9月。利比亚2000—2019年石油产量见表3-2。

表3-2 利比亚石油产量(2000—2019年)

单位:千桶/天

年份	全部石油和其他液态能源产量	原油、天然气厂液化气和其他液化能源产量	含租赁凝析油的原油产量	含租赁凝析油的原油出口量
2000	1 469.345 313	1 470.027 322	1 410.027 322	986.968
2001	1 427.841 531	1 428.547 945	1 366.547 945	962.556
2002	1 383.183 181	1 383.520 548	1 318.520 548	961.55

---

① Ahmad Ghaddar and Aidan Lewis, "Libya Outlines Ambitious Plans to Restore Oil Output," accessed August 3, 2021, https://www.reuters.com/article/us-libya-oil-production-idUSKCN0XP25R.

② International Monetary Fund, "Arab Countries in Transition: Economic Outlook and Key Challenges," October 8, 2013, accessed August 3, 2021, https://www.imf.org/-/media/Websites/IMF/imported-full-text-pdf/external/np/pp/eng/2013/_101013.ashx.

续表

年份	全部石油和其他液态能源产量	原油、天然气厂液化气和其他液化能源产量	含租赁凝析油的原油产量	含租赁凝析油的原油出口量
2003	1 484.887 7	1 485.520 548	1 420.520 548	1 083.527
2004	1 582.296 579	1 583.218 579	1 515.218 579	1 221.065
2005	1 739.292 808	1 739.917 808	1 651.109 589	1 321.3
2006	1 864.576 836	1 864.643 836	1 736.041 096	1 374.304
2007	1 929.702 945	1 930.547 945	1 786.808 219	1 441.679
2008	1 941.441 333	1 942.833 333	1 802.833 333	1 428.969
2009	1 845.109	1 845	1 705	1 290.062
2010	1 844.198	1 850	1 710	1 260.663
2011	521.768 164 4	522.356 164 4	485.397 260 3	296.186
2012	1 547.473 426	1 548.934 426	1 431.803 279	1 195.56
2013	1 046.552 849	1 044.506 849	978.328 767 1	629.68
2014	575.932 808 2	576.917 808 2	529.835 616 4	357.577
2015	492.683 602 7	493.972 602 7	463.972 6027	270.191
2016	478.396 792 3	479.685 792 3	444.685 792 3	238.501
2017	911.779 493 2	913.068 493 2	878.068 493 2	—
2018	1 045.669 904	1 046.958 904	1 026.958 904	—
2019	1 192.382 233	1 193.671 233	1 168.671 233	—

资料来源：美国能源情报署，2021年2月数据，https://www.eia.gov/international/data/country/LBY。

2014年5月以后，利比亚政治两极化加剧，第二次内战爆发。利比亚石油产量和出口量的急剧下降以及利比亚两大阵营的冲突直接对利比亚的经济产生严重的影响。从2013年到2016年，利比亚的国内生产总值连续负增长，到2016年只有185.6亿美元，只有2011年的58%，外汇储备从2013年的1 080亿美元骤降至2016年的570亿美元。①

2015年12月，利比亚各派在摩洛哥签署《利比亚政治协议》，利比亚组建了民族团结政府。2016年10月，在国际社会的压力下，利比亚冲突两派达成协议，同意增加利比亚的石油产量，到2019年达到日产120万桶左右。2018年10月，利比亚的石油已经恢复到日产125万桶左右。随着利比亚石油产量的恢复，利比亚的经济在2017—2018年实现了恢复性的增长。

2019年4月，哈夫塔尔的部队进攻的黎波里试图夺取首都的控制权，冲突再起。2019年，利比亚经济增长显著放慢，只有9.9%。利比亚2011—2020年经济发展情况见表3-3。

---

① Jalel Harchaoui, "Libya's Monetary Crisis," Lawfare, accessed August 3, 2021, https://www.lawfareblog.com/libyas-monetary-crisis.

第三章 后卡扎菲时代利比亚国家重建的进程

表 3-3 利比亚经济发展数据（2011—2020 年）

年份	国内生产总值 （当前价格） （单位：10 亿美元）	人均国内生产总值 （当前价格） （单位：美元）	实际国内 生产总值增长 （%/年）
2011	32.00	5 420	−66.67
2012	79.76	12 690	124.7
2013	51.90	8 280	−36.8
2014	24.26	3 880	−53
2015	17.22	2 770	−13
2016	18.56	2 910	−7.4
2017	30.21	4 660	64
2018	41.43	6 360	17.9
2019	39.83	6 060	9.9
2020	21.81	3 280	−66.7

资料来源：国际货币基金组织，2020 年 10 月数据。

2020 年，受利比亚内部冲突影响，利比亚石油产量和出口量锐减，加上新冠疫情带来的负面冲击，利比亚国内生产总值呈现断崖式下跌，利比亚经济进入重建后最糟糕的一年。

2020 年 10 月，利比亚主要冲突方达成了"永久"停火协议，利比亚冲突按下暂停键。2021 年 3 月，利比亚新的团结政府成立。这为利比亚经济恢复和发展创造了条件。在经历了 2020 年的大规模经济收缩之后，利比亚经济出现了显著反弹，整体形势向好的方面发展。利比亚多项经济宏观指标指向积极。根据国际货币基金组织 2022 年 4 月公布的数据，利比亚 2021 年国内生产总值约为 323.52 亿美元，人均国内生产总值也由 2020 年的 2 891 美元提高到 4 821 美元。2021 年，利比亚政府财政收入约 1 056 亿利比亚第纳尔，支出约 857.76 亿利比亚第纳尔，财政状况出现明显缓解。自 2014 年以来，利比亚的经常项目多次呈现逆差。2020 年逆差约 39 亿美元，约相当于国内生产总值的 20%。为了应对不断恶化的财政形势，利比亚中央银行在 2020 年 12 月 16 日宣布将利比亚货币贬值，从 2021 年 1 月 3 日起，将汇率由 1.4 利比亚第纳尔兑换 1 美元，调整为 4.48 利比亚第纳尔兑换 1 美元。2021 年利比亚经济项目由逆差转为顺差，约为 69.87 亿美元，相当于国内生产总值的 22%。利比亚 2013—2021 年经济状况可参见表 3-4 至表 3-8。

第三章　后卡扎菲时代利比亚国家重建的进程

表 3-4　2013—2021 年利比亚经常项目差额情况

年份	2013	2014	2015	2016	2017	2018	2019	2020	2021
经常项目差额（单位：10亿美元）	0.01	-18.998	-9.205	-4.708	4.441	11.108	4.683	-3.98	6.987
经常项目账户差额/GDP（单位：%）	0.019	-78.3	-53.467	-25.363	14.7	26.811	11.857	-20.719	21.598

资料来源：International Monetary Fund, *World Economic Outlook Database*, April 2022, https://www.imf.org/en/Publications/WEO/weo-database/2022/April。

表 3-5　利比亚政府收入与支出一览表（2014—2021 年）

单位：10 亿美元

年份	2014	2015	2016	2017	2018	2019	2020	2021
收入	21.543	16.843	8.845	22.338	49.143	57.365	22.818	105.62
支出	43.814	36.015	29.171	32.692	39.311	45.813	37.31	85.776

资料来源：International Monetary Fund, *World Economic Outlook database*, April 2022, https://www.imf.org/en/Publications/WEO/weo-database/2022/April。

表 3-6　利比亚国内生产总值和人均国内生产总值（2019—2021 年）

国内生产总值和 人均国内生产总值	年份		
	2019	2020	2021
国内生产总值 （当前价格，单位：10 亿美元）	39.497	19.210	32.352
人均国内生产总值 （当前价格，单位：美元）	6 004.471	2 891.462	4 821.51

资料来源：International Monetary Fund, *World Economic Outlook Database*, April 2022, https://www.imf.org/en/Publications/WEO/weo-database/2022/April。

表 3-7　利比亚 2020 年 11 月至 2021 年 12 月石油产量

单位：千桶/天

月份	2020 年 11 月	2020 年 12 月	2021 年 1 月	2021 年 2 月	2021 年 3 月	2021 年 4 月	2021 年 5 月
产量	1 088	1 213	1 153	1 172	1 195	1 136	1 155
月份	2021 年 6 月	2021 年 7 月	2021 年 8 月	2021 年 9 月	2021 年 10 月	2021 年 11 月	2021 年 12 月
产量	1 163	1 158	1 153	1 149	1 155	1 137	1 053

资料来源：根据石油输出国组织 2021 年公布的月度石油市场报告整理而得。参见 Organization of the Petroleum Exporting Countries, *Monthly Oil Market Report*, 2021, https://www.opec.org/opec_web/en/publications/338.htm。

第三章 后卡扎菲时代利比亚国家重建的进程

表 3-8 利比亚石油公司收入（2021 年）

单位：亿美元

月份	2021 年 1 月	2021 年 2 月	2021 年 3 月	2021 年 4 月	2021 年 5 月	2021 年 6 月
总收入	14.09	12.36	20.52	13.03	13.90	21.39
月份	2021 年 7 月	2021 年 8 月	2021 年 9 月	2021 年 10 月	2021 年 11 月	2021 年 12 月
总收入	20.53	19.48	17.96	19.08	21.11	22.11

资料来源：笔者根据利比亚石油公司英文官方网站定期公布的数据整理所得，2021 年 4 月、5 月和 6 月还有部分收入是以欧元的形式计算的，这里没有列入。参见 https://noc.ly/index.php/en/。

利比亚开始着手解决东西两个平行机构统一的问题。以利比亚金融机构为例，利比亚中央银行成立于 1956 年，既是国家中央银行，又是最大的商业银行，其总部设在的黎波里，在班加西、塞卜哈和苏尔特设有分行。目前利比亚有两个中央银行，位于的黎波里的西部中央银行得到国际社会的承认，掌管着利比亚的石油收入；而位于东部城市贝达的东部中央银行没有得到国际社会的承认，被称为"平行中央银行"。① 在美国和联合国的敦促下，德勤公司于 2021 年完成了对两个银行联合财务审计，初步摸清了两家银行的资产负债表。2021 年 12

---

① 《对外投资合作国别（地区）指南：利比亚（2020 年版）》，中国商务部网站，http://www.mofcom.gov.cn/dl/gbdqzn/upload/libiya.pdf。

月，两个银行的主席会面，建议在未来 6 个月内讨论统一机构的问题。

三、利比亚经济重建中的石油经济：祝福还是诅咒

利比亚是一个非常典型的过度依靠自然资源（主要是石油）的寻租型国家。在利比亚的经济中，石油经济占有十分重要的地位。利比亚经济严重依赖石油产品部门的收入，根据欧佩克的统计，2021 年，利比亚石油产品部门占出口总额的 94% 以上，占 GDP 的近 80%。[1]利比亚政府收入的 90% 以上也依靠石油，工农业的发展受石油收入的制约。这导致原油的销路、价格等外部因素对利比亚建设资金的来源、数量和投入方向产生了决定性影响。国际原油价格下跌直接导致石油产量和收入下降，政府财政收入减少、赤字增加。而关系到利比亚经济发展全局的石油收入是利比亚自身所不能把握的。[2]

与其他经历过冲突的国家（如伊拉克）不同，利比

---

[1] OPEC, "Libya Facts and Figures," accessed August 3, 2021, https://www.opec.org/opec_web/en/about_us/166.htm.

[2] 潘蓓英编著：《列国志：利比亚》，社会科学文献出版社，2007，第 125 页。

第三章 后卡扎菲时代利比亚国家重建的进程

亚的石油设施在内战中几乎没有遭到严重的破坏。这意味着利比亚的石油工业在后冲突时代可以迅速地得到恢复。

卡扎菲政权被推翻后,负责管理利比亚石油工业的主要部门依然是利比亚国家石油公司。如今的利比亚国家石油公司是原先的国家石油公司的一部分,主要负责油气资产运营,并通过子公司及合资公司基本控制了利比亚石油的开采、炼制等上中下游业务。① 如前所述,从 2011 年到 2021 年,利比亚的石油产量可谓一波三折。2011 年由于内战而产量锐减。从 2011 年中期到 2013 年中期,利比亚石油产量快速恢复并呈现快速增长态势。而大约从 2013 年 9 月开始一直到 2016 年 9 月,由于利比亚各派之间的政治分歧和武装冲突,利比亚多个重要的石油出口码头被迫关闭,利比亚石油产量呈现断崖式下降。从 2016 年 9 月开始,由于利比亚国家石油公司重新获得了对重要产油区苏尔特盆地的控制,利比亚石油产量开始上升。2017—2019 年,全年产量整体呈现上升趋势。2020 年,由于利比亚国民军的部队封锁利比亚主要石油出口港,利比亚石油产量再次受到影响。而在

---

① 王海滨等:《利比亚石油业发展状况与政治影响因素》,《国际石油经济》2014 年第 12 期,第 46 页。

2020年10月，利比亚主要冲突方达成了"永久"停火协议后，利比亚石油产量再次回升，2021年超过了1 207千桶/天（见表3-9）。

表3-9 利比亚原油产量（2011—2021年）

单位：千桶/天

年份	2011	2012	2013	2014	2015	2016	2017	2018	2019	2020	2021
产量	489	1 450	993	480	404	389	881	946	1 091	389	1 207

资料来源：根据石油输出国组织数据库资料整理而得。

利比亚石油产量之所以呈现过山车般的波动，有利比亚石油设施老化、年久失修的原因，也有2014年前后利比亚极端势力和恐怖力量对油田发动袭击的原因，但是其中最重要的原因是利比亚冲突各派和地方力量以石油为杠杆来实现自己的利益。

与冲突后分裂、对立以及碎片化的国家机制不同，在后卡扎菲时代，利比亚石油公司保持了相对的统一，而且是国际社会唯一承认的合法出口石油的机构。即使在长期政治动荡时期，利比亚石油公司也能继续生产和销售，从而使利比亚能够继续向公务员提供补贴和付款。

利比亚国家石油公司主席一职是利比亚石油公司的关键人物。2014年5月，这一过程中的关键人物国家石油公司董事会主席努里·贝鲁因宣布辞职，在的黎波里

第三章 后卡扎菲时代利比亚国家重建的进程

的利比亚过渡政府任命穆斯塔法·萨纳拉为新主席。萨纳拉自2011年以来一直是国家石油公司董事会成员。2014年9月，国民代表大会也认可了国家石油公司现任主席穆斯塔法·萨纳拉。然而，到了11月，利比亚国民代表大会宣布计划任命阿尔·马布鲁克·布·塞夫为国家石油公司新主席，并指出，石油销售必须得到阿尔·马布鲁克·布·塞夫的同意才能销售。

面对政治争端，在的黎波里的国家石油公司作了一个简短的声明，指出国家石油公司在政治纠纷中的"立场"是中立的，它既不能服从的黎波里政府的命令，也不能服从利比亚东部力量的命令。不久，利比亚国民代表大会试图建立自己的石油公司并进行石油交易，但是没有取得成功。2015年8月，利比亚国民代表大会又宣布任命纳吉·马格拉比为国家石油公司主席。2016年7月，在利比亚民族团结政府成立后，位于的黎波里的国家石油公司与利比亚东部的自行宣布成立的石油公司达成协议。根据该协议，利比亚东部自行建立的国家石油公司的主席纳吉·马格拉比将进入利比亚石油公司董事会，利比亚石油公司同时向位于的黎波里的利比亚民族团结政府和位于图卜鲁格的众议院利比亚国民代表大会汇报工作。不过，有关利比亚石油公司控制权的分歧并没有完全解决。

2017年1月，利比亚东部自行建立的国家石油公司声称，它将不再通过的黎波里的利比亚国家石油公司而自行对外签订合同。2017年3月，位于图卜鲁格的利比亚国民代表大会也宣布撤回对利比亚石油公司的支持。2018年6月，亲哈夫塔尔的部队再次控制了苏尔特湾石油码头，并短暂宣布他们打算阻止国家石油公司管理这些码头的石油出口。[①]

在后卡扎菲时代，利比亚各派纷纷利用石油和天然气的生产、运输或出口作为向中央政府当局施加压力或对国家发动经济战的手段。

2020年，利比亚冲突各方——民族团结政府和国民代表大会与东部武装国民军联盟继续为控制石油资源和石油收入进行了激烈的交锋。2020年1月6日，利比亚国民军从民族团结政府手中夺取了利比亚重要的石油港口城市苏尔特。1月18日，为抗议土耳其决定派军支援民族团结政府，利比亚国民军的部队封锁利比亚主要石油出口港，直到2020年9月才最后解除。

---

① Richard Barltrop, "Oil and Gas in a New Libyan Era: Conflict and Continuity," Independent Consultant, February, 2019, accessed August 3, 2021, https://www.oxfordenergy.org/wpcms/wp-content/uploads/2019/02/Oil-and-Gas-in-a-New-Libyan-Era-Conflict-and-Continuity-MEP-22.pdf.

第三章 后卡扎菲时代利比亚国家重建的进程

针对这一情况，利比亚国家石油公司在 2020 年 1 月 18 日宣布，停止从卜雷加、拉斯拉努夫、哈里加、祖伊蒂纳和锡德拉的石油出口，这致使利比亚的石油产量每天减少 80 万桶，相当于每天损失 5 500 万美元。[①] 石油输出国组织的数据显示，从 2020 年 3 月开始利比亚石油产量一直在低位徘徊，3—6 月的每天产量不到 10 万桶。2020 年 10 月 26 日，利比亚国家石油公司结束所有利比亚油田和港口的关闭状态，恢复石油生产和出口。2020年 11 月和 12 月，石油产量恢复到日产 100 万桶以上，不过，2020 年利比亚石油每天平均产量只有 36.8 万桶，低于 2019 年每天 109.7 万桶，也低于 2018 年每天 95.1万桶（见表 3-10）。

表 3-10 利比亚 2020 年石油产量

单位：千桶/天

月份	1	2	3	4	5	6	7	8	9	10	11	12
产量	793	147	91	82	80	90	107	104	155	453	1 088	1 213

资料来源：笔者根据石油输出国组织 2020 年月度石油市场报告整理而得。

---

① Libya National Oil Corporation, "NOC Declares Force Majeure after LNA Blockades Oil Exports from Brega, Ras Lanuf, Hariga, Zueitina and Sidra Ports," January 18, 2020, accessed August 3, 2021, https://noc.ly/index.php/en/new-4/5534-noc-declares-force-majeure-after-lna-blockades-oil-exports-from-brega,-ras-lanuf,-hariga,-zueitina-and-sidra-ports.

2020年，国际原油价格大跌。石油输出国组织的年度统计显示，2019年1月1日，欧佩克一篮子原油价格约为64.04美元，而2020年1月1日下降到41.47美元，直到2021年1月1日也才恢复到59.73美元。月度统计数据显示，2020年欧佩克一篮子原油价格基本上在60美元以下，4月只有17.66美元。内部石油封锁和国际石油价格下跌严重影响了利比亚石油收益。利比亚国家石油公司公布的数据表明，2020年1月该公司收益超过17亿美元，但是4月刚过5 000万美元，6—7月也不超过5 000万美元，8月不到1亿美元，而到11月超过7亿美元，12月，石油产量恢复高位后则超过10亿美元（见表3-11）。

表3-11 利比亚国家石油公司收入（2020年）

单位：美元

月份	原油	气体和冷凝液	石油产品	石油化学产品	总收入
1	—	—	—	—	1 768 897 320.49
2	—	—	—	—	555 533 750.98
3	1 012 035 783.12	81 148 617.99		353 552.26	1 093 537 953.37
4	—	—	—	—	50 681 254.44
5	—	—	—	—	87 728 784.24
6	36 134 078.69	8 997 305.35	—	0	45 131 384.04

第三章 后卡扎菲时代利比亚国家重建的进程

续表

月份	原油	气体和冷凝液	石油产品	石油化学产品	总收入
7	24 734 031.12	12 891 617.54	—	647 346.48	38 272 995.14
8	74 418 792.02	14 753 369.69	—	829 204.34	90 001 366.05
9—10	263 835 073.85	75 237 997.20	8 120 216.86	0	347 193 287.91
11	619 052 899.87	72 045 069.47	8 591 642.70	732 275.43	700 421 887.47
12	1 022 383 797.08	72 440 651.43	18 969 981.15	1 416 002.29	1 115 210 431.95

资料来源：笔者根据利比亚国家石油公司 2020 年定期公布的数据综合整理所得，参见 https://noc.ly/index.php/en/。

由于石油和天然气对利比亚稳定的重要性以及其不断地被各派作为工具来讨价还价，利比亚石油和天然气资源的保护者的地位就变得越来越重要了。在利比亚，名义上承担这些保护责任的是利比亚石油设施警卫队（Petroleum Facilities Guard）。利比亚石油设施警卫队成立于 2007 年，当时的主要任务是保卫该国的石油和天然气基础设施。其总部位于利比亚北部的卜雷加，兵力不超过 2 000 人。尽管当时的规模较小，但是在卡扎菲时代足以确保石油和天然气出口基础设施的安全。2011 年，卡扎菲政权被推翻后，石油设施警卫队的任务没有变化，但是其人员的组成和结构都发生了巨大变化。越来越多的地方武装团体被纳入该警卫队。2014 年，部队成员从 2 000 人增加到 3 万人。更为麻烦的是，这些武装团体和游击队是成建制地加入石油设施警卫队，在加入警卫队后，其部队依然是独立运作，听从原先指挥官的命令，所以，石油设施警卫队规模的扩大并未导致其运营能力的提高。更为严重的是，石油设施警卫队日益成为一支庞大的、由许多地方军事团体组成的联系松散的混合部队。当某一地方爆发抗议活动时，包括试图阻止或关闭生产或运输以迫使政府让步时，受影响地点的石油设施警卫队往往不履行其保护责任。更有甚者，在某些情况下，石油设施警卫队的指挥官也积极地参与资源共享，利用他们的职位谋求个人利益。易卜拉欣·贾德兰是利比亚石油设施警卫队的前领导人。2013 年 7 月，为了"增加对昔兰尼亚人民的石油产品利润分配"，他控制的 2 500 名石油设施警卫队成员停止了通过卜雷加、锡德拉、拉斯拉努夫等码头的石油出口，直到 2016 年才全面重新开放。利比亚国家石油公司的报告指出，该行动使"国家损失了超过 1200 亿美元的收入和大部分财政储备"。①

---

① Matt Herbert and Emadeddin Badi, "Blessing and Curse: Petroleum Profits, Control and Fragility in Libya," June 25, 2022, Friedrich-Ebert-Stiftung, accessed April 21, 2023, https://library.fes.de/pdf-files/bueros/libyen/19331.pdf.

四、利比亚经济重建中的"战争经济"和"平行经济"

"战争经济"包括直接或间接依赖于缺乏秩序或持续的暴力的经济活动。卡扎菲政权倒台后,利比亚进入了一个无政府的混乱状态,这种无政府状态为利比亚战争经济提供了肥沃的生长土壤,走私、敲诈勒索和掠夺国家资源问题最为突出。①

走私在利比亚有着悠久的历史。2013年以来,利比亚偷运和贩运移民、难民和寻求庇护者的情况大幅增加。2016年利比亚的人口走私收入约为9.78亿美元,大约相当于利比亚2015年国内生产总值的3.4%。② 2016年以来,利比亚已经成为"中地中海路线"向欧洲非法移民的主要出发点。2012年,大约15 000名移民使用了这条路线,到2016年,这一数字已达到约163 000人。2020年,利比亚非法移民问题有所缓解,根据联合国的

---

① Tim Eaton, "Libya's War Economy: Predation, Profiteering and State Weakness," London: Chatham House, April 12, 2018, accessed April 21, 2023, https://www.chathamhouse.org/sites/default/files/publications/research/2018-04-12-libyas-war-economy-eaton-final.pdf.

② Ibid.

不完全统计，在利比亚沿海的不同地区，有 11 891 名移民被拦截，而有 28 162 人试图离开利比亚。① 非法移民往往需要支付大笔费用，联合国的一份报告指出，9 名孟加拉国人于 2019 年和 2020 年进入利比亚，每人向人贩子支付了 5 000 美元到 8 000 美元。而在利比亚他们又被绑架，被要求每人支付 12 000 美元才被释放。②

除了人口走私外，燃料走私也是利比亚经济发展的一个顽疾。2017 年 1 月，利比亚总检察长调查办公室负责人在一次记者招待会上说，燃料走私给该国造成了 50 亿利比亚第纳尔（约 36 亿美元）的损失。有报告显示，从 2017 年 1—11 月，国家只收到了约 15% 的国内分配的精制燃料产品税收预期收入，这意味着这些供应中有多达 85% 被某种方式转移了。③

利比亚境内的燃料走私主要分为三类：少量燃料的跨界陆路走私；燃料供应在该国境内转移，然后以黑市

---

① 联合国安理会：《联合国安全理事会第 1973（2011）号决议所设利比亚问题专家小组的最后报告（S/2021/229）》，https://undocs.org/S/2021/229，访问时间：2023 年 4 月 3 日。

② 同上。

③ Tim Eaton, "Libya's War Economy: Predation, Profiteering and State Weakness," London: Chatham House, April 12, 2018, accessed April 21, 2023, https://www.chathamhouse.org/sites/default/files/publications/research/2018-04-12-libyas-war-economy-eaton-final.pdf.

第三章 后卡扎菲时代利比亚国家重建的进程

价出售；以及大量柴油的海上走私。2020年，由于国内持续冲突和新冠疫情的影响，海上燃料走私活动暂时停止，但是利比亚走私网络的基础设施仍然完好无损。此外，精炼石油产品继续通过陆路非法出口，虽然规模不大，但与前几年相比，这种活动有所增加，特别是在利比亚西部。①

在利比亚经济重建中，相对独立的利比亚石油公司、利比亚中央银行和利比亚投资局发挥着重要的作用。但是，由于政治分歧，这些机构面临权力斗争，陷入困境。利比亚强人哈夫塔尔在其控制的区域建立了与东部国际社会承认的平行的石油公司、银行和投资及公共工程管理局。如前所述，在利比亚，目前实际上有两个中央银行在运作，位于利比亚首都的黎波里的中央银行和利比亚东部地区贝达的东部银行。东部银行发行的货币是在俄罗斯印刷的，而政府军控制的钞票主要是在英国印刷的。据第1973（2011）号决议所设利比亚问题专家小组提交给联合国的报告，2016—2018年，俄罗斯向利比亚东部的中央银行汇了约合美元71.1亿的利比亚第纳尔，

---

① 联合国安理会：《联合国安全理事会第1973（2011）号决议所设利比亚问题专家小组的最后报告（S/2021/229）》，https://undocs.org/S/2021/229，访问时间：2023年4月3日。

相当于这时期国民生产总值的 6.3%。① 利比亚中央银行反对这些货币在市场上流通，认为其是非法货币，对经济是有害的，会造成混乱，破坏民众对货币的信心，并增加伪造钞票的可能性。2020 年，得到贝达的非合法政府的支持，设在班加西的东部石油公司继续挑战利比亚石油公司的权威，以获得对利比亚原油出口的控制，努力出口原油、进口精炼石油产品。②

五、利比亚经济重建的前景

冲突后的利比亚在国家重建的进程中，经济重建之所以屡屡受挫，尤其是 2020 年跌入谷底，是内外双重因素共同作用的结果。

从内部因素来看，利比亚安全环境缺失，经济发展中存在的结构性矛盾严重制约了利比亚经济的发展。一般意义上讲，国家重建的四个方面——政治重建、安全

---

① 联合国安理会：《联合国安全理事会第 1973（2011）号决议所设利比亚问题专家小组的最后报告（S/2019/914）》，https://undocs.org/ch/S/2019/914，访问时间：2023 年 4 月 3 日。

② 联合国安理会：《联合国安全理事会第 1973（2011）号决议所设利比亚问题专家小组的最后报告（S/2021/229）》，https://undocs.org/S/2021/229，访问时间：2023 年 4 月 3 日。

第三章　后卡扎菲时代利比亚国家重建的进程

重建、经济重建、文化与社会重建是相辅相成的，但安全是其他方面顺利开展的基础。一个国家如果没有一个安全的环境，国家重建的其他三个方面就无法真正开展，也很难完全转型成功。卡扎菲政权倒台以来，利比亚不断上演"城头变幻大王旗"，但是始终没有建立一个强有力的中央政府，组建一支统一的国家军队，提供一个可以进行经济重建的安全环境。

此外，由于严重依靠石油经济，利比亚已经成为一个典型的"寻租型"国家。从发展经济学的角度看，丰富的自然资源往往趋于阻碍而非促进经济发展，陷入所谓的资源诅咒。另外，在卡扎菲时代，政府限制发展私人经济，没有很好地解决失业问题，忽视金融部门的建设，还建立一个庞大而效率低下的补贴制度。这些在后卡扎菲时代都成了经济发展的桎梏。

从外部因素来看，在卡扎菲政权被推翻后，外部力量一直没有停止过对利比亚的干涉。战后伊始，西方大国试图从政治、经济两方面对利比亚的重建施加影响：政治上，大力扶植和支持亲西方的新政权；经济上，帮助西方企业取得绝大多数重大经济项目的主导权和参与权。① 2014年以来，在域内外大国和强国的支持下，利比亚已经成为代理人战争的试验场。特别是2020年，土耳其直接派军队强力干预利比亚局势，直接改变了利比亚两大阵营中民族团结政府派相对弱势的局面，使利比亚局势复杂化。②

2020年1月，利比亚再次启动民族和解计划。2021年2月5日，利比亚政治对话论坛会议在瑞士日内瓦选举产生了利比亚统一临时行政机构，德贝巴当选过渡政府总理。2月25日，德贝巴向国民代表大会提交了新政府组成框架。3月10日，利比亚国民代表大会批准临时过渡政府即新的民族团结政府成立。德贝巴政府的成立对于利比亚经济重建来说，是重要的转折点。2021年2月，德贝巴表示，新政府将是代表人民利益的技术专家型政府，其中包括3个主要团队，以应对新冠疫情、解决电力短缺，并组建全国和解委员会实现民族团结。

利比亚新政府正致力于降低该国油田及炼油厂关闭的可能性，并大力推动石油产业恢复正常生产。利比亚国家石油公司也希望在2021年底前，将石油日产量提高

---

① 王金岩：《利比亚战争十年：乱局持续前景难期》，《当代世界》2020年第10期，第42页。

② 罗林主编《阿拉伯发展报告2020》，社会科学文献出版社，2021，第115页。

到 145 万桶，在 2 年内将产量提高到 160 万桶，在 4 年内进一步提高到 210 万桶。① 如果这一目标实现，利比亚经济有可能实现全面反弹，并走上持续增长的轨道。

此外，在可预见的将来，利比亚政府必须致力于减少青年失业，发展服务业和旅游业，建立现代金融体系，减少对石油部门的依赖，实现经济的多元化。利比亚的经济重建和发展道路还有很长的路要走。

第四节　利比亚文化与社会重建

在国家重建的四个组成部分中，文化与社会重建也许是最关键、最困难的。从本质上说，一个国家的文化传统和社会结构根植于本国和本民族的深深的历史中。

关于国家重建中的文化重建是一个很有争议的问题，但是根据历史的经验来看，文化和社会重建一般包括三个方面：第一，促进国家与社会的正义与和解；第二，致力于培育有利于民主发展的非政府组织，重建社区，

---

① 《利比亚组建新石油部促油气增产》，中国石油新闻中心，2021 年 3 月 25 日，http://news.cnpc.com.cn/system/2021/03/25/030028064.shtml，访问时间：2023 年 4 月 23 日。

建立信任；第三，增强民族的认同感。在认可并尊重国内各民族文化多样性继续存在的基础上，政府可以通过各种手段，在国家疆界内的所有民族之间，建立和发展一种共有的、新的国民文化纽带或体系，一种对新独立国家的认同感和归属感，增强全体国民的凝聚力。①

如前所述，今天的利比亚在历史上并不存在。利比亚在历史上曾经是古罗马、阿拉伯帝国和奥斯曼帝国统治地区，在19世纪时部分地区又沦为帝国主义的殖民地。在20世纪前，欧洲人、奥斯曼人和当地政府都没有使用过"利比亚"一词。直到1929年后，昔兰尼加、的黎波里塔尼亚和费赞地区处于意大利殖民统治时，利比亚才开始正式使用。② 基于这样的历史背景，利比亚冲突后不仅要像很多经历了冲突后的国家那样实现国家与社会的正义与和解，还需要继续完成在伊德里斯王朝和卡扎菲时代没有实现的民族构建进程。

在后卡扎菲时代，利比亚执政当局颁布了一些过渡正义和民族和解的法律法规，在地方层面进行了和解进程的尝试，但是由于国内碎片化的状态和外部力量的干

---

① 江涛：《后冲突时代的秩序重塑：美国在海外的国家重建行动研究》，世界知识出版社，2009，第64页。
② 罗纳德·布鲁斯·圣约翰：《利比亚史》，韩志斌译，中国出版集团东方出版中心，2011，第2页。

第三章 后卡扎菲时代利比亚国家重建的进程

涉,利比亚国家层面的民族和解进程乏善可陈。

卡扎菲政权被推翻后,利比亚执政当局制定和颁布了一系列法律和法规,试图理顺与卡扎菲政权的关系,启动过渡正义和民族和解进程。不过这些法律法规往往不具包容性,其目的是以胜利者的姿态惩办失败者,将原来卡扎菲政权的政治人物和其他力量排除在利比亚政坛之外。

2012年2月26日,利比亚"过渡委"颁布了第17号法令,该法令规定了利比亚过渡正义和民族和解的基本原则,规定成立真相调查与和解委员会,负责调查和处理侵犯人权的行为,并为受害者设立代表基金。"应成立一个隶属于全国过渡委员会的全国委员会,名称为真相调查与和解委员会,总部设在的黎波里,拥有独立的法人资格和财务责任,并在每个地方议会的管辖范围内设有分支机构"。[①] 不过,该法令限制了追究责任的范围,只想揭露卡扎菲政权犯下的侵犯人权行为。该委员会成立于2012年,但由于法律、政治和安全方面的挑战,无法有效开展工作。

---

① The National Transitional Council, "Law No. (17) of 2012 on the Rules of National Reconciliation and Transitional Justice," February 26, 2012, accessed April 2, 2023, https://s3-eu-west-1.amazonaws.com/public.ldil.dcaf/lois/311-Law%20No.%20(17)%20of%202012_EN.pdf.

2012年4月4日，利比亚"过渡委"颁布第26号法令，宣布成立诚信与爱国原则适用高级委员会（High Commission for the Application of Standards of Integrity and Patriotism），该委员会"有权调查担任某一职位或职能或被提名担任该职位或职能的人员，并要求提供其认为必要的任何信息或数据"。①

2012年，利比亚"过渡委"先后发布了一系列与民族和解和社会转型相关的法律和法规，其中包括第35号法令，对特殊罪行进行大赦，但是卡扎菲的亲属和与其共事的人所犯的罪行除外。② 第36号法令指出，不得追究在反抗卡扎菲政权斗争中为拯救或保护革命而进行的军事、安全或民事行为不当行为。③ 第50号法令是关于政治犯赔偿的法律，将政治犯定义为1969年9月1日至2011年2月15日因反对前政权而被拘留在监狱或特别拘留营的任何平民或军人。根据该法令，所有的囚犯应获

---

① The Interim National Transitional Council, "Law No. (26) of 2012 on the High Commission for the Application of Standards of Integrity and Patriotism," accessed April 2, 2023, https://security-legislation.ly/law/31913.

② The Interim National Transitional Council, "Law No. (35) of 2012 on the Amnesty of Particular Crimes," accessed April 2, 2023, https://security-legislation.ly/law/31677.

③ The Interim National Transitional Council, "Law No. (38) of 2012 on Some Procedures Concerning the Transitional Phase," accessed April 2, 2023, https://security-legislation.ly/law/31621.

得每月 8 000 里拉的赔偿（包括对此类事件的所有赔偿），对受该法令管辖者的所有定罪应予撤销。①

2013 年，利比亚国民大会也通过了一些相关法律，其中主要包括关于行政和政治隔离的第 13 号法令，该法律禁止在卡扎菲时代担任某些职位的人担任公职。②关于过渡正义的概念及其支柱和机制的第 29 号法令，规定建立一个真相调查委员会，并概述其任务、结构和特权，指出利比亚过渡正义应该包含的具体程序。然而，这些机构都没有建立，提出设想也没有得到实施。③

自 2011 年以来，利比亚在地方层面进行了和解进程的尝试。利比亚的部落和城市之间签署了一系列和解性的协议。这协议主要包括《全国过渡委员会和图阿雷格部落协议》（2011 年）、《图阿雷格和图布部落和平与和解协议（2015 年）》等。这些协议大多是由地方议会或委员会倡议发起，其成员是来自不同城市、地区或部落

① The Interim National Transitional Council, "Law No. (50) of 2012 on Compensation of Political Prisoners," accessed April 2, 2023, https://security-legislation.ly/law/31723.

② General National Congress, "Law No. (13) of 2013 on Political and Administrative Isolation," May 8, 2013, accessed April 2, 2023, https://security-legislation. ly/law/31771.

③ General National Congress, "Law No. (29) of 2013 on Transitional Justice," December 2, 2013, accessed April 2, 2023, https://security-legislation. ly/law/32096.

的长老、部落领袖或社会人物。这些倡议多是临时性的，旨在结束暴力，停止冲突各方之间的交火，并交换囚犯和伤员。①

2021年，利比亚的民族和解之路出现了积极的态势。2021年4月5日，利比亚宣布成立最高民族和解委员会。2021年9月6日，利比亚总统委员会主席穆罕默德·门菲宣布，利比亚民族和解项目正式启动。为了推动和解，利比亚民族团结政府还释放了一批政治犯，其中包括前领导人卡扎菲之子萨阿迪·卡扎菲。门菲强调，作出这样的决定是因为利比亚人民饱含结束痛苦的过去、消除分歧、抛弃分裂、停止流血和痛苦的热切希望。②2021年11月6日，利比亚政党联盟的24个政党在首都的黎波里签署一份荣誉公约，旨在防止外国干涉及尊重选举结果。来自联合国、阿拉伯联盟和利比亚的官员出席了会议。此次会议是为即将召开的第一次利比亚政党

---

① Amal Obeidi, "Local Reconciliations in Libya: A Precarious Balance Sheet," Defender Center for Human Rights, April 30, 2019, accessed April 2, 2023, https://www.defendercenter.org/2255.

② 《利比亚释放政治犯以推动和解进程》，半岛电视台中文网站，2021年9月7日，https://chinese.aljazeera.net/news/2021/9/7/%e5%88%a9%e6%af%94%e4%ba%9a%e9%87%8a%e6%94%be%e6%94%bf%e6%b2%bb%e7%8a%af%e4%bb%a5%e6%8e%a8%e5%8a%a8%e5%92%8c%e8%a7%a3%e8%bf%9b%e7%a8%8b，访问日期：2023年4月21日。

第三章　后卡扎菲时代利比亚国家重建的进程

会议做准备。

利比亚的非政府组织从无到有,在利比亚过渡转型中发挥着独特的作用。卡扎菲时代,由于多种因素的限制,利比亚非政府组织一直处于萌芽状态。2011年2月,利比亚只有大约22家非政府组织。① 卡扎菲政权被推翻后,利比亚的非政府组织得到了快速发展。

根据利比亚非政府组织委员会2020年进行的不完全统计,2011—2018年利比亚至少有5 419个登记的非政府组织。② 这些非政府组织林林总总,涉及利比亚政治、经济和社会生活的方方面面,在利比亚的冲突后重建中发挥着重要作用(见表3-12)。

表3-12　利比亚非政府组织统计数据(2011—2018年)

年份	2011	2012	2013	2014	2015	2016	2017	2018
数据	416	1 915	894	414	433	630	418	299

资料来源:利比亚非政府组织委员会:《利比亚非政府组织的统计分析(2020)》(*Statistical Analysis of Libyan Civil Society Organizations*, 2020)。

---

① The Governance Network, "Beyond Gaddafi: Libya's Governance Context," The Governance Network MERCY CORPS, August 2011, accessed April 2, 2023, http://www.mercycorps.org/sites/default/files/capacity_to_govern-libya_26_aug_2011.pdf.

② Commission of Civil Society, "Statistical Analysis of Libyan Civil Society Organizations", February 23, 2020, accessed April 2, 2022, https://ccslibya.ly/wp-content/uploads/2020/02/StatisticalAnalysis-.pdf.

利比亚的民间组织在地方和解中发挥着独特而关键的作用。在利比亚的乌巴里（Ubari）地区，在阿兹加协会（Azgar Association）、费赞利比亚组织（Fezzan Libya Organization）等民间组织的支持下，一个新的市场建立起来，旨在改善食品供应，降低买家的成本，支持当地农民，帮助城市最弱势的人群。乌巴里市政府成立了一个官方委员会来管理新市场。乌巴里的市场为当地民众，特别是该市的许多妇女提供了新的互动和商业机会。①

非政府组织在利比亚政治对话中也发挥着重要作用。2018年，非政府组织在启动联合国支持的利比亚全国大会进程中发挥了关键作用。利比亚全国大会是一个参与基础广泛的协商机制，该机制邀请了9 000名利比亚人参加，参与者超过180万，这是全国对话中第一次自下而上的努力。② 利比亚正义律师（Lawyers for Justice in Libya）组织是一个利比亚非政府组织。2021年，在利比亚的政治和解进程中，该组织多次发表观点，呼吁保护

---

① Nate Wilson, "As Libya Tries Peace, a Saharan City Builds It," November 4, 2021, accessed April 2, 2023, https://www.usip.org/blog/2021/11/libya-tries-peace-saharan-city-builds-it.

② Andy Tomusiak and Raphael Miller, "Grassroots Reconciliation: Civil Society's Critical Role in Libyan Peacebuilding," July 8, 2022, accessed April 2, 2023, https://fragilestatesindex.org/2022/07/08/grassroots-reconciliation-civil-societys-critical-role-in-libyan-peacebuilding/#_ftn5.

第三章 后卡扎菲时代利比亚国家重建的进程

人权,保护言论、集会和结社的自由。他们认为,在政治和解与总统选举中要重点做到以下7点:(1)保障个人的言论自由,促进媒体自由;(2)保护和平集会和结社自由权,促进和平;(3)支持和鼓励非政府组织的发展;(4)保障所有人获得政治参与的机会和权利;(5)支持和促进妇女的政治权利;(6)提高透明度和知情权;(7)在投票站创造一个安全的空间,确保选民的安全。①

不过,尽管利比亚的非政府组织超过5 000个,但是比较活跃的组织只有数百个,多数非政府组织都处于非活动状态。许多较小的非政府组织在自愿的基础上工作,几乎没有捐助者的支持。②

2021年6月,利比亚团结政府出台了新的监管条例,要求利比亚的非政府组织必须按照条例重新注册,政府中的非政府组织管理部门有权接受或拒绝注册。该条例还要求非政府组织与联合国办事处联系或接受任何

---

① Lawyers for Justice in Libya, "7 Things to Do in 7 Months: A Human Rights Roadmap to Elections," June 3, 2021, accessed April 2, 2023, https://www.libyanjustice.org/lfjl-libya-roadmap-to-elections-7-things-to-do-in-7-months/foster-peace-by-protecting-the-right-to-freedom-of-peaceful-assembly-and-association#content.

② Paolo Cuttitta, "NGOs, Migration and Externalisation in Libya," February 2021, accessed April 2, 2023, https://migration-control.info/ngos-migration-externalisation-libya/.

捐赠之前，必须事先获得政府相关部门的授权。① 这些变化表明，利比亚的非政府组织发展进入一个深入调整的时期。

---

① Lawyers for Justice in Libya, "National Unity Relies on Gaddafi's Arsenal of Repressive Laws to Restrict Civil Society and Block Its Role in the Electoral Process," September 15, 2021, accessed April 2, 2023, https://www.libyanjustice.org/news/libya-government-of-national-unity-relies-on-gaddafis-arsenal-of-repressive-laws-to-restrict-civil-society-and-block-its-role-in-the-electoral-process#:~:text=The%20proposed%20regulation%20to%20obtain%20prior%20authorization%20from,the%20Civil%20Society%20Commission%20in%20Tripoli%20in%202020.

第四章
利比亚国家重建中的外部因素

在利比亚的十多年重建中，多个国际组织和国家扮演着重要的角色。联合国是利比亚重建的主导性外部力量；欧盟是利比亚转型中一个重要的外部变量，始终以积极的姿态介入利比亚的国家重建；俄罗斯作为一个区域性的大国，在利比亚问题上则从一个从冷静的旁观者逐步转变为积极的调解人。

第一节 利比亚重建的主导性外部力量
——联合国

在利比亚开始重建进程之后，各利益攸关方围绕谁来主导重建这一关键问题进行了新一轮的博弈。在干预中充当急先锋的法国、英国、美国以及北约等西方国家和组织无意广泛介入利比亚的重建行动，尤其是在利比亚部署地面部队来维持和平。而阿拉伯国家联盟和非洲联盟没有足够军事力量和能力部署维和行动，进行有效的援助。联合国是世界上唯一最有代表性的多边的国际组织，具有丰富的维和经验，主导利比亚的重建具有很高的合法性。同时，利比亚执政当局也反对部署维和部队，强调过渡应该由自己的力量完成，这样，由联合国负责有限参与就成了各方可以接受的唯一形式。

一、联合国在利比亚重建初期的活动与表现（2011—2014年）

联合国系统从1960年开始在利比亚存在，通过数个联合国机构、基金或项目开展活动，这些机构和项目统称为联合国国家工作队，目前共有25个联合国的机构、基金和项目涉及利比亚。联合国的项目遍及整个利比亚，在主要城市如班加西和萨卜哈等设有联合国的分支机构。

在利比亚重建初期，联合国有14个机构在利比亚从事不同的活动，他们是联合国开发计划署，联合国儿童基金会（儿基会），联合国人口基金，世界卫生组织，联合国艾滋病规划署,联合国粮食及农业组织,联合国毒品和犯罪问题办公室,联合国人类住区规划署,联合国教育、科学及文化组织,联合国工业发展组织,国际原子能机构,联合国难民事务高级专员公署,世界粮食计划署,联合国地雷行动处等。

联合国的这些机构根据自己的"专长",在利比亚重建的不同领域发挥特定作用,如联合国开发计划署的支持领域是公共管理与治理、经济恢复和过渡时期司法与法治,主要为政府的三个部门——行政、司法和立法部门提供全面的支持;联合国儿童基金会负责基础教育与儿童保护,先后与教育部、社会部和其他大学及教育机构合作,促进全民教育,为提高质量、义务教育发展等提供技术支持;联合国人口基金支持领域为生殖健康,重点工作是支持基本健康机构和医院生殖服务设施的升级,提供助产士培训和改善产科与新生儿护理培训,宣传和提高对妇女生殖健康权利的认识;联合国艾滋病规划署的任务是协调应对艾滋病,与世界卫生组织一起制订全国艾滋病防治计划,共同应对高风险人群;联合国人类住区规划署则关注城市规划机构的制度建设,提高该机构的工作人员的能力,为准备实施的全国空间规划和地区城市规划提供支持,支持利比亚冲突后的城市恢复工作。①

尽管联合国多个机构以多种形式在利比亚保持了存在，但其中最重要也是规模最大的就是联合国利比亚支助特派团（联利支助团）。

2011年9月，联合国安理会通过第2009号决议，设立联利支助团。初步任期为三个月，并决定联利支助团的任务是协助和支持利比亚全国作出努力，以便恢复公共安全和秩序，促进法治、开展包容各方的政治对话，促进民族和解，着手开展制宪和选举工作、扩大国家的权力范围，包括加强负责任的新机构和恢复公共服务；促进和保护人权，特别是属于弱势群体的人的人权，支持过渡时期司法；立即采取必要步骤来启动经济复苏；协调酌情请求其他多边和双边行动者提供支助等。②

2012年3月，安理会通过了第2040号决议，延长联利支助团任期一年，并将联利支助团的任务进行了调整，规定其主要任务是协助利比亚过渡政府确定该国需求和优先事项，并提供战略和技术咨询，其中包括为利比亚

---

① 联合国利比亚支助特派团官方网站，http://unsmil.unmissions.org/Default.aspx?tabid=3543&language=en-US，访问日期：2023年4月21日。
② 联合国安理会：《联合国安理会第2009（2011）号决议》，联合国网站，2011年9月16日，https://documents-dds-ny.un.org/doc/UNDOC/GEN/N11/502/43/PDF/N1150243.pdf?OpenElement，访问日期：2023年4月21日。

第四章 利比亚国家重建中的外部因素

选举进程和新宪法的起草和制定工作提供技术咨询和援助、促进法治保护人权、恢复公共安全、防止各类武器特别是便携式地对空导弹的非法扩散、协调国际援助等。[①]

2013年3月，针对利比亚不断变化的局势，安理会通过了针对该国重建问题的第2095号决议。该决议将联合国在利比亚的行动再次延长12个月，将支助团的任务微调为继续支持利比亚政府管理民主过渡进程，包括筹备选举和起草宪法，促进法治和人权，恢复公共安全，打击各类军火和相关材料的非法扩散，以及为此协调国际援助。[②]

2014年3月14日，安理会通过第2144号决议，决定将联利支助团任期延长至2015年3月13日，其主要任务应是"协助利比亚政府努力实现向民主的过渡，促进法治并监测和保护人权，控制利比亚境内保管不安全的武器和相关材料，阻止它们的扩散，培养治理能力，

[①] 联合国安理会：《联合国安理会第2040（2012）号决议》，联合国网站，2012年3月12日，https://documents-dds-ny.un.org/doc/UNDOC/GEN/N12/260/29/PDF/N1226029.pdf?OpenElement，访问日期：2023年4月21日。

[②] 联合国安理会：《联合国安理会第2095（2013）号决议》，联合国网站，2013年3月14日，https://documents-dds-ny.un.org/doc/UNDOC/GEN/N13/259/37/PDF/N1325937.pdf?OpenElement，访问日期：2023年4月21日。

为各部委、国家立法机构和地方政府提供支持"。①

联利支助团受联合国政治事务部监督和指导，其总部设在利比亚首都的黎波里，在班加西和萨巴设有办事处，联合国大会第 66/263 号决议核准支助团所需人力资源为 272 名文职人员，其中包括 177 名国际工作人员和 95 名本国工作人员，以及 15 名由政府提供的在治安和法治领域提供专门知识的人员。

尽管四期联利支助团的重点有所不同，但是总体来看，联利支助团在利比亚的工作主要集中在以下四个方面。第一，介入利比亚民主过渡的管理，促进利比亚的民主转型。在历史上，利比亚的经济曾经有过快速发展的时期，其人均 GDP 在中东和北非地区也算比较高，但是它在政治上却相对落后。从法西斯意大利殖民地发展到短暂的君主立宪制国家，再到长时间的个人专制国家，整个社会对参与性政治经验不足。尤其是在卡扎菲统治时期，他不断变更国家组织管理机制，将正式的政权组织系统彻底打乱，先后建立起来的人民委员会、人民大

---

① 联合国安理会：《联合国安理会第 2144（2014）号决议》，联合国网站，2014 年 3 月 14 日，https://documents-dds-ny.un.org/doc/UNDOC/GEN/N14/265/90/PDF/N1426590.pdf?OpenElement，访问日期：2023 年 4 月 21 日。

第四章 利比亚国家重建中的外部因素

会和革命委员会，互相交叉重叠，责权不清。① 因此，利比亚政治重建与民主过渡的任务十分艰巨。为此，支助团着力协助利比亚执政当局按照其颁布的制宪路线图稳步推进。联合国安理会第 2009 号决议授权支助团"开展包容各方的政治对话，促进民族和解，着手开展制宪和选举工作"。第 2144 号决议则强调，"实现向民主的过渡，包括促进、协助开展一个单一、包容各方和透明的全国对话并为之提供技术咨询和援助，并为利比亚选举工作和筹备、起草和通过利比亚新宪法工作提供技术咨询和援助，促进利比亚社会各阶层，特别是妇女、青年和少数民族的权能和政治参与，提供斡旋以支持包容各方的利比亚政治解决办法，创造一个让前作战人员并入利比亚国家安全部队或复员和重新恢复平民生活的政治环境"。②

2012 年 7 月，利比亚举行了国民议会的选举。在这一进程中，应利比亚当局请求，由联利支助团、联合国开发计划署和联合国项目事务厅组成的联合国综合选举

---

① 吴冰冰：《"改变"了的卡扎菲又成了萨达姆的翻版?》，《世界知识》2011 年第 7 期。

② 联合国安理会：《联合国安理会第 2144（2014）号决议》，联合国网站，2014 年 3 月 14 日，https://documents-dds-ny.un.org/doc/UNDOC/GEN/N14/265/90/PDF/N1426590.pdf?OpenElement，访问日期：2023 年 4 月 21 日。

支助团队在整个选举进程中向委员会提供了实务咨询、技术援助和业务支助。派驻的黎波里、班加西和塞卜哈的大约 55 名联合国选举顾问,与委员会及其 13 个外地办事处开展密切合作。①

2014 年 6 月,利比亚举行了新立法机构"国民代表大会"的选举。联合国为利比亚当局提供了选举活动、对外关系、公共认识等领域的一组顾问。这些顾问为选举工作提供了有针对性的帮助,以便在紧迫时限内提供对成功举行选举至关重要的材料和服务。联利支助团与政府代表、媒体代表和积极分子进行接触,鼓励更多妇女登记为候选人,并在班加西和的黎波里举办了妇女候选人能力建设和培训班。②

尽管对于这两次选举存在争议,但是选举对于解决利比亚的政治僵局、实现利比亚全国和解还是起到了重要的作用。在这一进程中,联利支助团与利比亚当局密

---

① 联合国安理会:《秘书长关于联合国利比亚支助团的报告(S/2012/675)》,联合国网站,2012 年 8 月 30 日,https://documents-dds-ny.un.org/doc/UNDOC/GEN/N12/466/45/PDF/N1246645.pdf?OpenElement,访问日期:2023 年 4 月 21 日。

② 联合国安理会:《秘书长关于联合国利比亚支助团的报告(S/2014/653)》,联合国网站,2014 年 9 月 5 日,https://documents-dds-ny.un.org/doc/UNDOC/GEN/N14/512/31/PDF/N1451231.pdf?OpenElement,访问日期:2023 年 4 月 21 日。

第四章 利比亚国家重建中的外部因素

切合作,扮演着重要的角色。

第二,协助利比亚司法建设,监测和保护人权。根据联合国安理会 2012 年 3 月通过的第 2040 号决议,支助团"根据利比亚的国际法律义务,促进法治并监测和保护人权,尤其是妇女,以及属于脆弱群体的人,如儿童、少数民族和移徙者的人权,包括协助利比亚当局改革并建立透明和负责的司法和监狱系统,协助制定和执行一个全面的过渡司法战略,协助实现民族和解,提供支助以确保被关押的人享有适当待遇以及让仍与各革命部队有关联的儿童复员"。①

在卡扎菲统治时期,司法系统的特点是腐败、效率低下和缺乏独立性,培训不足导致其工作人员能力有限,平行机构重叠、立法和监管框架相互矛盾现象十分普遍。② 支助团为利比亚当局提供了大量的关于过渡时期的司法技术咨询和国际经验。

支助团多次组织了全国性和地方性的会议讨论相关

---

① 联合国安理会:《联合国安理会第 2040(2012)号决议》,联合国网站,2012 年 3 月 12 日,https://documents-dds-ny.un.org/doc/UNDOC/GEN/N12/260/29/PDF/N1226029.pdf?OpenElement,访问日期:2023 年 4 月 21 日。

② 联合国安理会:《秘书长关于联合国利比亚支助团的报告(S/2011/727)》,联合国网站,2011 年 11 月 22 日,https://documents-dds-ny.un.org/doc/UNDOC/GEN/N11/592/46/PDF/N1159246.pdf?OpenElement,访问日期:2023 年 4 月 21 日。

司法问题，就利比亚过渡期司法进行公开对话，2012年5月，联利支助团协同南非和瑞士政府以及利比亚全国协商小组，邀请包括秘鲁和南非前真相专员在内的6名国际专家来到该国，分享他们在本国实况调查与和解方面的经验。这些专家在的黎波里、班加西、米苏拉塔、塞卜哈和津坦会见了国家利益攸关方，强调了以解决冲突根源的公正解决方案为基础实现真正和解的迫切需要。

在寻找失踪人员方面，支助团协助利比亚援助部制定的有关失踪人员及其家庭的法律，为支持失踪人员家属的组织提供技术支援；与冲突有关的拘留问题仍是利比亚选举后面临的一大挑战，支助团督促总检察长和有关部委加快处理与冲突有关的被拘留者问题，采取保护措施防止酷刑和虐待事件的发生，制定全面的保护战略来处理对卡扎菲政权高级官员的审判。

2012年3月至7月，联利支助团在全国各地开展了人权监测和资料整理基本培训方案，培训地点包括艾季达比耶、胡姆斯、阿扎维亚、班加西、贝达、米苏拉塔、塞卜哈、的黎波里、图卜鲁格、津坦和祖瓦拉。①

---

① 联合国安理会：《秘书长关于联合国利比亚支助团的报告（S/2012/675）》，联合国网站，2012年8月30日，https://documents-dds-ny.un.org/doc/UNDOC/GEN/N12/466/45/PDF/N1246645.pdf? OpenElement，访问日期：2023年4月21日。

第四章 利比亚国家重建中的外部因素

第三，加强利比亚安全重建，管理安全溢出效应。在卡扎菲政府被推翻后，利比亚可以说遍地武装，人手一枪。如何处理这些游击队和枪支，使其保持可控状态是一个难题，也是利比亚安全重建中的核心问题。为确保联合国为利比亚安全领域的各项努力提供协调一致的支助，联合国利用联利支助团和联合国国家工作队的资源，采用了"联合国一体化"的安全部门方法。根据安全理事会第2040（2012）号决议和国家主导权原则，该架构旨在支持建立一个高效、负责和负担得起的安全部门，该部门尊重人权、维护法治、关注妇女和弱势群体，赢得了利比亚人民的信任。

为应对利比亚重建中的安全挑战，努力为利比亚人民提供建议和协助，支助团在2012年7月成立了安全部门咨询和协调司。该部门为利比亚当局在安全部门政策建议方面提供帮助并在适当情况下提供援助，帮助协调国际努力。在安全重建方面，联利支助团的工作重点主要涉及6个相互联系的关键领域：国家安全结构，警察改革，国防改革，武器弹药管理，边境安全以及解除武装、复员和重返社会工作。在国家安全结构建设方面，支助团为国家安全结构的发展和整个安全部门的协调机制提供咨询与协助。2012年，在联利支助团的支助下，政府阐明安全部门改革、过渡时期司法和法治、制定国家安全委员会和国民议会各委员会在国家安全、国防和警察方面的职权范围应该成为当前和长期优先事项。①

在武器弹药管理方面，支助团支持建立国家武器登记数据库和武器弹药管理委员会。2012—2013 年，联利支助团在联合国儿童基金会的参与下，与国防部和内政部一道继续积极提供弹药管理、搜寻意识和爆炸物处理的培训。2013 年，在联合国地雷行动处的支持下，联利支助团武器弹药咨询科继续协助利比亚当局制定一项武器弹药管理全面战略。该战略包括弹药储存站的改造计划、武器控制管理、化学武器和材料安全而有保障的处置以及关于安全储存和处理弹药的国家规章条例。2014年 9 月到 2015 年 3 月，联利支助团和联合国地雷行动处支助了利比亚地雷行动中心的人道主义排雷行动，该中心对从的黎波里及其周边地区移走和清除的 20 吨战争遗留爆炸物和未爆弹药进行了监督。联合国地雷行动处还向利比亚地雷行动中心提供了关于紧急危害教育和为平民开通热线方面的咨询，该热线在最初 20 天接到了 700

---

① 联合国安理会：《秘书长关于联合国利比亚支助团的报告（S/2013/104）》，联合国网站，2013 年 2 月 21 日，https://undocs.org/zh/S/2013/104，访问日期：2023 年 4 月 21 日。

第四章　利比亚国家重建中的外部因素

多个电话。①

在警察改革方面，支助团为利比亚内政部提供持续的咨询和协助，在训练、公共安全、选举安全、罪犯调查等方面为利比亚的警察提供专家支持。2012年，在利比亚竞选期间，联利支助团派出警务顾问，为内政部提供紧急技术和咨询支助，以及通过支助团驻的黎波里和班加西办事处为警察分队提供业务咨询。2013年9月，在联利支助团的支持下，内政部举办了一个关于警务改革和发展的讲习班，与会者制定了关于内政部和警务部门改组、内外监督机制、安全威胁评估以及社区警务等方面的建议。2014年，联利支助团支持内政部的结构调整和规划委员会，按照国际警务标准提供有关利比亚警察组织、结构及指挥和控制系统的战略和技术咨询。

在国防改革方面，支助团国防咨询部与国际社会一道，与利比亚当局合作支持利比亚的国防战略发展。国防顾问部协助国防部和参谋总长办公室的确定和落实相关领域的实际行动。2012年，联利支助团协同利比亚当局并与国际伙伴联络，倡议编写利比亚的第一份国防白

---

① 联合国安理会：《秘书长关于联合国利比亚支助团的报告（S/2015/144）》，联合国网站，2015年2月26日，https://undocs.org/zh/S/2015/144，访问日期：2023年4月21日。

皮书。白皮书将用于确定利比亚面临的主要风险和威胁，阐述主要军事任务、理念和构想，并处理武装部队的文职民主监督、总体指挥和控制以及基本结构问题，包括武装部队与国防部和立法机构的关系。从 2014 年 9 月起，由于利比亚安全形势的变化，"联利支助团不再为国防部和利比亚武装部队的国防部门改革提供支持，并重新分派了工作人员和资源以支助政治对话进程。特派团的国防部门改革工作人员目前重点是与国家安全部队和武装团体接触，鼓励其参与对话进程及新安全安排的持续筹备工作，包括执行停火、监测机制以及从利比亚各城镇撤出武装团体"。①

在边境安全方面，支助团与欧盟利比亚边境援助团一起密切合作，支持利比亚政府保障边境的稳定。2012 年，联利支助团与利比亚利益攸关方和国际专家合作，推动制定边境管理行动构想，以期鼓励双边和多边援助并最大限度地降低安全部门不成体系的风险。2012 年到 2014 年，支助团多次召开了由利比亚国防部、内政部、财政部（海关）和外交部代表以及欧盟、国际难民署和

---

① 联合国安理会：《秘书长关于联合国利比亚支助团的报告（S/2015/144）》，联合国网站，2015 年 2 月 26 日，https://undocs.org/zh/S/2015/144，访问日期：2023 年 4 月 21 日。

第四章 利比亚国家重建中的外部因素

国际移民组织的代表参加的会议，相互交流信息，拟订工作计划等。

在解除武装、复员和重返社会工作方面，联利支助团协同联合国国家工作队，就整编、复员和重返社会问题向包括战士转业援助与发展事务委员会在内的利比亚当局提供技术咨询，并推动国际社会提供援助。根据利比亚内政部2013年12月的统计，已在利比亚境内登记101 086名最高安全委员会成员。其中包括正在接受培训的2 993人、等待培训的18 882人、不符合入职标准的29 194人、在审查和甄选过程中的29 774人、已完成培训的19 531人。①

第四，与有关利益方密切配合，做好国际援助的协调工作。根据联合国安理会2012年的第2040号决议，支助团可以在"相关领域中协调国际援助，建立政府的能力，包括支持2012年1月31日宣布的利比亚政府内部协调机制，为利比亚政府提供咨询以帮助确定由国际社会协助满足的优先需求，在有关过程中酌情同国际伙

---

① 联合国安理会：《秘书长关于联合国利比亚支助团的报告（S/2015/144）》，联合国网站，2015年2月26日，https://undocs.org/zh/S/2015/144；联合国安理会：《秘书长关于联合国利比亚支助团的报告（S/2014/131）》，2014年2月26日，https://undocs.org/zh/S/2014/131，访问日期：2023年4月21日。

伴进行接触，为国际社会援助利比亚政府提供便利，确定明确的分工，经常定期同援助利比亚的各方进行沟通"。①

利比亚的重建涉及多个国家和国际组织，为了让国际援助能够发挥合力，促进利比亚的重建工作，支助团在事实上扮演了国际援助协调人的角色。支助团支持利比亚政府在 2012 年 1 月成立了内部协调机制。2011 年 12 月，联利支助团支持利比亚当局召集了有关双边代表开会，以加速将利比亚中央银行和阿拉伯利比亚海外银行等海外资产的移交。2012 年 3 月 29 日，规划部主办了向国际社会介绍政府战略计划的会议。作为战略计划的一部分，规划部介绍了政府与国际社会的协调框架。该框架将副总理办公室的战略政策协调与规划部的业务协调挂钩，并将技术合作活动与各职能部委和其他国家利益攸关方挂钩，包括在以下优先领域创建 6 个部门工作组：经济复苏，能力建设，卫生和环境，教育和科研，

---

① 联合国安理会：《联合国安理会第 2040（2012）号决议》，联合国网站，2012 年 3 月 12 日，https://documents-dds-ny.un.org/doc/UNDOC/GEN/N12/260/29/PDF/N1226029.pdf?OpenElement，访问日期：2023 年 4 月 21 日。

第四章　利比亚国家重建中的外部因素

司法和人权，以及基础设施和住房。① 2012—2013 年，支助团支持联合国国家工作队制定了 2013—2014 年战略框架，并对其进行了首次评估。2014 年，联利支助团还协助利比亚当局拟订 3 月 6 日在罗马举行的利比亚国际援助部长级会议通过的两个契约。

二、联合国在利比亚重建初期行动的作用与效果

如前所述，与联合国利比亚重建行动相关的实质性决议有 4 个：2011 年的第 2009 号决议、2012 年的第 2040 号决议、2013 年的第 2095 号决议和 2014 年第 2144 号决议。其中，第 2009 号决议和第 2040 号决议没有给支助团明确定性，而在第 2095 号决议和第 2144 号决议中，则明确指出联利支助团本质上是一个综合政治特派团。这意味着，联合国在利比亚的行动主要是政治行动，顾问和咨询色彩浓厚。

---

① 联合国安理会：《秘书长关于联合国利比亚支助团的报告（S/2012/675）》，联合国网站，2012 年 8 月 30 日，https://documents-dds-ny.un.org/doc/UNDOC/GEN/N12/466/45/PDF/N1246645.pdf?OpenElement，访问日期：2023 年 4 月 21 日。

联利支助团虽然由秘书长特别代表直接领导，但是在名义上仍然隶属于政治事务部，受其监管。根据联合国的相关章程和文件，政治事务部的职能主要是向秘书长提供咨询意见和支助，以便他依照《联合国宪章》的有关规定以及大会和安全理事会的授权，履行他在预防、控制和解决冲突，包括冲突后建设和平方面的全球性职责；在秘书长与会员国和其他政府间组织，尤其是与联合国合作的区域组织，包括《联合国宪章》第八章所规定区域组织之间关系的政治方面，向秘书长提供咨询意见和支助，即起草信函、为秘书长与各组织的代表举行的会议提供简报资料，并制作这种会议的记录；就选举援助事项向秘书长提供咨询意见和支助，确保适当考虑并答复会员国关于此种援助的请求等。[①]

就支助团的主要行动来看，相较于由军警组成的联合国维和特派团，联利支助团的政治顾问色彩也是相当浓厚，核心任务是在利比亚促进政局稳定和战后重建，顺利实现利比亚的民主转型，最主要的途径是提供相关支持，协助利比亚当局做好各项工作。换句话说，在没有维和部队支持的情况下，支助团在很多方面并没有强

[①] 联合国：《职能和组织》，联合国政治事务部中文网站，http://www.un.org/zh/aboutun/structure/dpa/，访问日期：2023年4月21日。

第四章 利比亚国家重建中的外部因素

制的执行力。在联合国秘书长提交的关于支助团的报告中，"咨询""倡议""建议"等"建设性"词汇使用频率也是相当高。实际上，在联合国秘书长冲突后规划特别顾问伊恩·马丁在2011年9月访问利比亚期间，利比亚"过渡委"高级官员表示，不愿意让外国部队进入利比亚，不希望利比亚成为联合国的"保护国"。他们希望获得的是联合国的"技术支持"。因此，潘基文在建议安理会授权建立支助团的公开信中表示，支助团将根据利比亚过渡当局的要求确定援助的优先领域，支助团应遵循的原则包括"国家自主、快速反应及对国际援助进行有效协调"。[①]

除了顾问色彩浓厚以外，联合国在利比亚的行动规模也较小，比较灵活。联利支助团的规模一般为200人左右，2012年1月1日至12月31日的预算为36 039 100美元，2014年1月1日至12月31日核定资源总额为69 430 700美元，2015年1月1日至6月30日临时供资31 430 300美元。而同期的东帝汶综合团则部署了60名军警人员，302名国际文职人员，827名当地工作人员和

[①] 危玮、顾震球：《联合国助利比亚走向战后重建》，新华网，2011年9月17日，http://news.xinhuanet.com/world/2011-09/17/c_122048713.htm，访问日期：2023年4月21日。

124名联合国志愿人员,其2010年7月1日至2011年6月30日的开支为218 804 600美元,2011年7月1日至2012年6月30日的开支为208 603 700美元,2012年7月1日至2013年6月30日的开支虽然有时减少,但仍然达到了162 212 100美元。① 截至2012年6月,以联合国就部署人数来计算的10个政治行动中,联利支助团排行第八。② 这种小规模的存在,一方面是因为联合国近年来维和经费的不断攀升所带来的压力,另一方面也是为了应对利比亚不断变化的重建环境与需要。

支助团的主要任务是政治支持,但是并不限于政治方面,还涉及经济、安全和国际协调等方面,在确定大的原则不超出联合国安理会授权的情况下,支助团的工作相当灵活。"联利支助团的行动构想要求对该国境内的资源采取一种灵活的方法,存在结构要依据利比亚的

---

① 联合国东帝汶综合特派团:情况与数据(2006年8月25日至2012年12月31日),联合国网站,http://www.un.org/zh/peacekeeping/missions/past/unmit/facts.shtml,访问日期:2013年4月21日。

② Megan Gleason-Roberts, Richard Gowan and Alischa Kuge, "Political Missions 2012: A Project of the Center on International Cooperation," December 2012, Center on International Cooperation, accessed April 2, 2013, http://cic.nyu.edu/sites/default/files/political_mission2012.pdf.

第四章　利比亚国家重建中的外部因素

需求和该国政府的请求而不断调整",①　"在我们的对策中，联合国将根据三项基本原则开展行动……第二项原则是快速反应和行动",②　"为了执行这一拟议的任务授权，联利支助团将维持小规模存在，以便利用灵活、敏捷和高质量的专门知识支持利比亚的民主过渡进程，并帮助利比亚当局应对与这一进程有关的挑战"。③　联利支助团的整体任务构思的核心，是由当地需求和联合国的规范责任所决定的灵活性和反应能力。虽然在某些领域，最明显的是选举支助方面，已明确要求提供密集和持续支助，但预计联利支助团不会由大型、持续部署的部门组成。相反，联利支助团应配有一个小型的核心，由横跨各任务领域的相对资深的顾问组成，并有在需要时能让短期、专职的技术专家迅速上任的能力，这些专家应

---

① 联合国安理会：《秘书长关于联合国利比亚支助团的报告（S/2012/129）》，联合国网站，2012年3月1日，http://daccess-dds-ny.un.org/doc/UNDOC/GEN/N12/244/72/PDF/N1224472.pdf?OpenElement，访问日期：2023年4月21日。
② 联合国安理会：《联合国安理会第6006次会议临时逐字记录（S/PV 6606）》，联合国网站，2011年8月30日，https://documents-dds-ny.un.org/doc/UNDOC/PRO/N11/483/81/PDF/N1148381.pdf?OpenElement，访问日期：2023年4月21日。
③ 联合国安理会：《联合国安理会第6006次会议临时逐字记录（S/PV 6731）》，联合国网站，2012年3月7日，https://undocs.org/zh/S/PV.6731，访问日期：2023年4月21日。

酌情与利比亚同事合用同一地点。联利支助团将需要使用各种方式,从联合国内部或从其他国际伙伴处调动增援能力,甚至为短期任务调动此种能力。这种办法将需要联利支助团在该国境内的能力和总部能力之间的密切合作,依据最适当和最有效的模式,包括《文职人才审查报告》所概述的各种安排,确保快速确定、动员和部署所需的专家。①

这一时期联利支助团的行动的效果可谓是喜忧参半。就支助团涉及的四个方面来说,在促进利比亚民主转型方面比较成功,而在安全重建与管理危机外溢方面则收效甚微。

2011年8月,利比亚"过渡委"公布了一份为期20个月的政治进程"路线图",先成立过渡政府,然后举行选举,组成利比亚国民议会,接着任命新政府,然后制定新宪法,并在宪法通过后选举新的议会,随后正式结束过渡期。到2013年1月,利比亚的政治重建基本上是按照这一路线图和时间表进行的。在这一进程中,支助团扮演了十分活跃的角色,成效明显,尤其是为利比

---

① 联合国安理会:《秘书长关于联合国利比亚支助团的报告(S/2012/129)》,联合国网站,2012年3月1日,http://daccess-dds-ny.un.org/doc/UNDOC/GEN/N12/244/72/PDF/N1224472.pdf?OpenElement,访问日期:2023年4月21日。

第四章 利比亚国家重建中的外部因素

亚的第一次选举起到了关键性的咨询作用。2014年6月，利比亚进行了新的立法机构国民代表大会选举，虽然此次选举的投票率只有42%，比2012年7月国民议会选举的投票率大幅减少，但利比亚的民主进程仍然在继续，制宪进程也在继续推进。"联合国为利比亚当局提供了选举活动、对外关系、公共认识等领域的一组顾问。这些顾问为选举工作提供了有针对性的帮助，以便在紧迫时限内提供对成功举行选举至关重要的材料和服务。联利支助团与政府代表、媒体代表和积极分子进行接触，鼓励更多妇女登记为候选人，并在班加西和的黎波里举办了妇女候选人能力建设和培训班。"[1]

在安全方面，支助团没有改变利比亚安全形势恶化的状态。实际上，自从卡扎菲被推翻后，利比亚的安全形势从来没有真正好转过。2015年2月，在利比亚冲突爆发四周年之际，"利比亚已在内战边缘。两个敌对政府及其武装力量陷入了一场权力斗争"，[2] "武装冲突蔓延到该国的西北部、东部产油的新月形地区和南部地

---

[1] 联合国安理会：《秘书长关于联合国利比亚支助团的报告（S/2014/653）》，联合国网站，2014年9月5日，https://undocs.org/zh/S/2014/653，访问日期：2023年4月21日。

[2] 《联合国敦促利比亚交战武装派系维持停火协议》，环球网，2015年1月21日，http://world.huanqiu.com/exclusive/2015-01/5458751.html，访问日期：2023年4月21日。

区","利比亚大部分领空已对商业航班关闭,加之该国不同地区的战斗升级和国家提供基本服务的能力减弱,加重了由 2014 年 7 月内战爆发及该国法律和秩序逐渐崩溃在夏季导致的人道主义危机"。① 2014 年 9 月,联合国秘书长利比亚事务特别代表、联合国联利支助团负责人莱昂曾经感叹:"前政权倒台三年之后,利比亚人民却并没有距离实现更美好未来、建立一个确保其安全与保障国家的希望与愿望更近。为此,许多利比亚人对本国民主过渡的幻想彻底破灭。"②

如前所述,在安全重建与边界管理方面,支助团也做了大量的工作,提出了很多建设性的意见,但由于利比亚中央政府没有一支真正属于政府控制的全国统一的国防军和警察部队,无法为包括首都在内的主要城市提供最基本的安全保证,支助团的建议根本无法落实。例如,在安全改革方面,支助团早在 2012 年就提出应该制订一个明确的重建和改革国家安全机构的政府计划,但直到 2014 年,该计划依然遥不可及。在边界安全方面,

---

① 联合国安理会:《秘书长关于联合国利比亚支助团的报告(S/2015/144)》,联合国网站,2015 年 2 月 26 日,https://undocs.org/zh/S/2015/144,访问日期:2023 年 4 月 21 日。

② 联合国安理会:《秘书长关于联合国利比亚支助团的报告(S/2014/653)》,联合国网站,2014 年 9 月 5 日,https://undocs.org/zh/S/2014/653,访问日期:2023 年 4 月 21 日。

第四章　利比亚国家重建中的外部因素

联利支助团一直支持利比亚的欧洲联盟边境援助特派团和利比亚当局开发一个综合边境管理系统。但是，由于缺乏政府高级官员的参与以及持续的安全挑战，该系统进展缓慢。有关各方在2013年讨论建立一个区域边境秘书处的问题，利比亚也承诺在2013年11月14日在拉巴特召开的边界安全问题区域部长级会议之后设立该秘书处，但是该秘书处的问题直到2014年9月仍然没有解决。[1]

整体来看，尽管支助团的工作还存在这样或那样的瑕疵，但是就其授权而言，支助团提出了很好的建议，但是利比亚并没有很好地采纳和遵循这些建议。正如一位学者指出的那样，当支助团提交了安全白皮书后，是利比亚人自己修改了这些文件；当联合国就国民大会的规则程序提出建议时，又是利比亚人自己改变了规则。这显示利比亚人在某些领域不愿意向国际社会征询意见，他们不想自己的手脚被捆住。[2]

---

[1] 联合国安理会：《秘书长关于联合国利比亚支助团的报告（S/2014/653）》，联合国网站，2014年9月5日，https://undocs.org/zh/S/2014/653，访问日期：2023年4月21日。

[2] Peter Bartu, "Libya's Political Transition: The Challenges of Mediation," accessed April 21, 2023, http://reliefweb.int/sites/reliefweb.int/files/resources/ipi_e_pub_mediation_libya.pdf.

三、联合国在利比亚重建工作的调整与转型（2015—2016年）

卡扎菲政权被推翻后，利比亚国内的新冲突不仅威胁着利比亚国内的安全和稳定，而且给地区和国际形势带来不确定因素和负面影响。在联合国的斡旋下，2015年3月10日，利比亚各方在阿尔及利亚首都阿尔及尔举行了对话会议，开启利比亚和谈的大门。在联利支助团的主导下，经过数轮对话后，利比亚多个政治派别于2015年7月11日在摩洛哥城市斯希拉特初步签署了联合国发起的政治协议，包括将成立民族团结政府并将各派武装交由民族团结政府统一指挥等内容。2015年12月17日，在联合国主持下，利比亚两个对立议会的部分代表和一些参与利比亚政治对话的独立人士在摩洛哥城市斯希拉特签署了《利比亚政治协议》。

由于利比亚安全局势持续恶化，联利支助团被迫在2014年7月，撤离全部驻利工作人员，到2016年12月31日，联利支助团的大部分成员依然没有回到利比亚。联利支助团在利比亚本土的工作实际上处于停滞状态。

2015年2月13日，联合国秘书长向联合国安理会提

第四章　利比亚国家重建中的外部因素

交了一份《秘书长关于对联合国在利比亚的存在的战略评估的特别报告》，报告指出，自 2014 年 7 月初以来，利比亚爆发了自 2011 年革命以来最严重的武装冲突。利比亚正在出现的政治、社会和安全行为体仍然严重分裂，这一情况致使问题更为复杂。不仅前政权反对派，包括那些参加了革命的人员与在该政权任过职的人员之间有分歧，而且对根据意识形态、区域、地方、部落和族裔等线路来划分也存在分歧。利比亚历届政府未能建立对使用武力的掌控。利比亚安全部队仍然软弱，缺乏适当的指挥和控制、凝聚力和士气，而武装团体增多。[①]

根据变化了的情况，秘书长建议在未来 12—18 个月，利比亚的重点应该是"结束冲突；完成过渡进程；维持或恢复基本服务；迈向稳定的民主国家"。[②]

为此，联合国在利比亚的战略优先事项应该为"支持政治进程；与利比亚地雷行动中心和新成立的安全机构密切协调并对它们给予支持，确保武器安全、打击简易爆炸装置袭击和清除战争遗留爆炸物；支持关键机构，继续向制宪议会、国家高级选举委员会以及全国公民自

[①] 联合国安理会：《秘书长关于对联合国在利比亚的存在的战略评估的特别报告（S/2015/113）》，联合国网站，2015 年 2 月 13 日，https://undocs.org/zh/S/2015/113，访问日期：2023 年 4 月 21 日。

[②] 同上。

由和人权理事会提供支持；支持提供基本服务，支持紧急恢复诸如卫生和教育等基本服务，并帮助维持向弱势群体提供食品、电力、用水和卫生设施以及司法救助；协调国际社会对利比亚的人道主义援助"。①

2015 年 3 月 5 日，根据秘书长的报告和英国的提议，安理会针对利比亚的复杂形势，通过了第 2208 号决议，将联合国利比亚支助特派团的期限短暂延长到 2015 年 3 月 31 日。2015 年 3 月 27 日，联合国安理会通过第 2213 号决议，决定将秘书长特别代表领导的联合国利比亚支助特派团的任务期限延长至 2015 年 9 月 15 日，还决定联利支助团作为一个综合政治特派团，完全按照国家自主原则承担的任务应是立即优先重点支持利比亚的政治进程和安全安排，包括进行调解和斡旋，并应在行动和安保限度内开展以下工作：监测和报告人权状况；支持安全保管失控武器弹药和相关物资，遏制其扩散；为利比亚要害机构提供支持；在接获请求时协助提供基本服务，并根据人道主义原则提供人道主义援助；协助人道

---

① 联合国安理会：《秘书长关于对联合国在利比亚的存在的战略评估的特别报告（S/2015/113）》，联合国网站，2015 年 2 月 13 日，https://undocs.org/zh/S/2015/113，访问日期：2023 年 4 月 21 日。

第四章 利比亚国家重建中的外部因素

主义援助的协调工作。①

2015年9月10日,联合国安理会通过第2238号决议,决定将秘书长特别代表领导的联利支助团任期延长至2016年3月15日,规定联利支助团作为一个综合政治特派团,全面依循国家自主权原则承担的任务,目前应优先重点支持利比亚的政治进程,以组建一个民族团结政府,通过联合国推动的利比亚政治对话的安全轨道达成安全安排,并应根据行动和安全条件等。②

2016年3月15日,安理会通过第2273号决议,决定将第2238(2015)号决议第12段规定的秘书长特别代表领导的联利支助团的任期延长至2016年6月15日,确认联利支助团需要重新在利比亚境内派驻人员,并需要为此作出必要的安全安排。③

2016年6月13日,联合国安理会再次通过有关利比亚重建的第2291号决议,决定将联利支助团的任期延长

---

① 联合国安理会:《联合国安理会第2213(2015)号决议》,联合国网站,2015年3月27日,https://documents-dds-ny.un.org/doc/UNDOC/GEN/N15/089/73/PDF/N1508973.pdf?OpenElement,访问日期:2023年4月21日。
② 联合国安理会:《联合国安理会第2238(2015)号决议》,联合国网站,2015年9月10日,https://documents-dds-ny.un.org/doc/UNDOC/GEN/N15/277/32/PDF/N1527732.pdf?OpenElement,访问日期:2023年4月21日。
③ 联合国安理会:《联合国安理会第2273(2016)号决议》,联合国网站,2016年3月15日,https://documents-dds-ny.un.org/doc/UNDOC/GEN/N16/070/71/PDF/N1607071.pdf?OpenElement,访问日期:2023年4月21日。

至2016年12月15日，在秘书长特别代表领导下，联利支助团作为一个综合特别政治特派团，通过调解和斡旋，协助落实《利比亚政治协议》、民族团结政府及其安保安排以及利比亚过渡进程的其后各个阶段等。①

2016年12月13日，联合国安理会通过有关利比亚的第2323号决议。决定把联利支助团的任务延长至进入2017年9月15日，在秘书长特别代表领导下，联利支助团作为一个综合特别政治特派团，全面依循国家享有自主权的原则，作为一个综合政治特派团开展工作。联利支助团支持利比亚的关键机构；在接获请求时协助提供基本服务，根据人道主义原则提供人道主义援助；监测和报告人权状况；协助安全保管无管制的武器弹药和相关物资，阻止它们的扩散以及协调国际援助，并为民族团结政府主导的在冲突后地区，包括从达伊沙手中解放的地区实现稳定的工作提供咨询和协助。②

从2015年到2016年，联合国安理会通过了6个有关利比亚支助团的决议。透过这些决议的内容，不难看出由于

---

① 联合国安理会：《联合国安理会第2291（2016）号决议》，联合国网站，2016年6月13日，https://documents-dds-ny.un.org/doc/UNDOC/GEN/N16/168/35/PDF/N1616835.pdf?OpenElement，访问日期：2023年4月21日。
② 联合国安理会：《联合国安理会第2323（2016）号决议》，联合国网站，2016年12月13日，https://documents-dds-ny.un.org/doc/UNDOC/GEN/N16/435/90/PDF/N1643590.pdf?OpenElement，访问日期：2023年4月21日。

第四章 利比亚国家重建中的外部因素

利比亚局势发生的巨大变化，这一时期联利支助团的工作也随之发生了相应的变化。

第一，促成利比亚各方和谈，建立利比亚团结政府，并支持利比亚政府的运作成为联利支助团的首要任务。由于利比亚安全形势的恶化和政治转型的僵化，利比亚重建的路线图已经受阻。对于利比亚来说，最重要的一项工作是实现真正停火，成立民族团结政府，让利比亚能够维持治理，促进稳定和经济发展。2015年，联合国的基本工作就是敦促各方参加和谈，通过和谈来建立团结政府。2015年1月14日，在联合国日内瓦办事处，联利支助团协助召开了利比亚对话会议。其中，政治轨道会议主要侧重于商定如何稳定该国安全局势，任命民族团结政府并实施建立信任措施，以创造更有利于对话的环境，减轻人民的痛苦。与会者特别强调，必须通过开放机场等举措，处理紧迫的人权问题和人道主义需求，并促进人员和货物的流动。[①] 2015年1—7月，联利支助团团长贝尔纳迪诺·莱昂一直积极参与各项努力，推动利比亚政治对话进程，旨在解决因立法和执政合法性主张相互矛盾引起的体制危机，并结束

[①] 联合国安理会：《秘书长关于联合国利比亚支助团的报告（S/2015/144）》，联合国网站，2015年2月26日，https://undocs.org/zh/S/2015//144，访问日期：2023年4月21日。

武装冲突。2015年7月17日，大多数对话参与者在斯希拉特举行的一次仪式上草签了《利比亚政治协议》。① 2015年8月和9月，联利支助团继续与利比亚所有主要政党密切协作，推动就协议附件达成共识，其中包括总统委员会的组成和民族团结政府的优先事项、国务院的内部议事规则、《宪政宣言》拟议修正案以及财政政策原则和安全安排。②

2016年1月19日，利比亚成立民族团结政府后，联利支助团则全力支持利比亚团结政府的运作与治理。2016年3月10日，在联合国协助下，各方在突尼斯举行利比亚政治对话成员会议。对话成员强调指出，认可拟议的民族和解政府是众议院的固有权限，并呼吁众议院履行责任，执行《利比亚政治协议》。2016年3月，民族和解政府总统委员会在的黎波里宣布成立。该委员会请联合国迅速在的黎波里建立存在，并鼓励会员国重设外交使团，支持政治进程。随后，9名总统委员会成员中有7名于3月30日从海上抵达的黎波里。他们得到临时安全委员会的协助，该委员会作出涉及陆军、海军和警察部队的安保安排，并与武装团体

---

① 联合国安理会：《秘书长关于联合国利比亚支助团的报告（S/2015/624）》，联合国网站，2015年8月13日，https://undocs.org/zh/S/2015/624，访问日期：2023年4月21日。

② 联合国安理会：《秘书长关于联合国利比亚支助团的报告（S/2016/182）》，联合国网站，2016年2月25日，https://undocs.org/zh/S/2016/182，访问日期：2023年4月21日。

第四章 利比亚国家重建中的外部因素

进行联络。在此方面，联利支助团向该委员会和总统委员会提供了咨询支持。①

2016年7月、9月和11月，联利支助团继续支持各方在突尼斯和马耳他举行利比亚政治对话会议，就组成协商一致、有技术才干和包容各方的政府进行磋商。利比亚政治对话成员重申支持《利比亚政治协议》，建议采取措施应对现有挑战，推动执行《利比亚政治协议》的工作，强调加速提供基本服务的重要性。②

第二，联利支助团继续支持利比亚的制宪进程，与利比亚高级全国选举委员会合作，提供能力建设和技术援助，为日后选举作准备。尽管利比亚出现了两个分裂的议会和政府，但是制宪议会相对未受该国持续的政治和军事危机的干扰，继续推进工作。2015年，制宪议会组建了一个12人委员会，负责起草宪法草案初稿。2015年10月6日，委员会公布了宪法草案初稿。③2016年3月18日，在联利支助

---

① 联合国安理会：《秘书长关于联合国利比亚支助团的报告（S/2016/452）》，联合国网站，2016年5月16日，https://undocs.org/zh/S/2016/452，访问日期：2023年4月21日。
② 联合国安理会：《秘书长关于联合国利比亚支助团的报告（S/2016/1011）》，联合国网站，2016年12月1日，https://undocs.org/zh/S/2016/1011，访问日期：2023年4月21日。
③ 联合国安理会：《秘书长关于联合国利比亚支助团的报告（S/2014/653）》，联合国网站，2016年2月25日，https://undocs.org/zh/S/2016/182，访问日期：2023年4月21日。

团和联合国开发计划署帮助下，56名议员中包括少数族裔代表在内的32人在阿曼召开了为期3周的务虚会，讨论宪法草案。2016年4月6日，除了2名图布族代表之外，所有与会的制宪议会议员签署了一份载有商定条款的协商一致的文件。2016年4月10日，制宪议会召开新一届会议，修改章程，特别是关于新的宪法草案法定表决人数问题和表决程序的章程。一些议员继续抵制该进程，但大多数议员于4月19日投票赞成新的宪法草案。①

联利支助团和联合国开发计划署联合管理的联合国选举支助小组，积极与高级全国选举委员会合作，规划各项活动，内容主要侧重于加强该委员会的技术能力。2016年，联合国给予的支持如下：为高级全国选举委员会和相关利益攸关方组织开展一系列讲习班、培训、交流访问和能力开发项目。联合国综合选举支助小组还协助高级全国选举委员会完成制定一份全面的性别平等情况分析文件，题为《选举中的性别平等情况分析，2012—2014年妇女参加利比亚大选的情况》，旨在协助决策者清除障碍，最大限度地减

---

① 联合国安理会：《秘书长关于联合国利比亚支助团的报告（S/2016/452）》，联合国网站，2016年5月16日，https://undocs.org/zh/S/2016/452，访问日期：2023年4月21日。

第四章　利比亚国家重建中的外部因素

少妨害妇女参与和参加选举的因素。①

第三，支助团继续充当国际协调人的角色，协调对利比亚的援助。联利支助团继续从突尼斯协调对利比亚的国际援助，包括主持安全、人权、选举、宪法和增强妇女权能领域的若干国际协调小组的工作。联利支助团提出了关于协调对利比亚的国际援助的新结构，以反映《利比亚政治协议》阐述的民族团结政府的优先事项。

2015年，联利支助团、联合国开发计划署、西亚经济社会委员会、国际货币基金组织和世界银行联合设立了利比亚专家发展合作论坛。论坛将作为一个平台，促进就涉及政府职能、恢复和冲突后过渡的优先问题重点开展协作。此外，论坛将协助实现利比亚冲突后国家发展对话的制度化，并提出社会经济政策选项和战略，支持制定长期的利比亚国家综合发展议程。2015年10月和12月，论坛在突尼斯市分别举行了第一次和第二次会议。

2016年3月31日，联利支助团与联合国开发计划署、国际货币基金组织和世界银行合作，在突尼斯举办了第三次利比亚专家发展合作论坛。讨论的重点是如何解决利比

---

① 联合国安理会：《秘书长关于联合国利比亚支助团的报告（S/2016/1011）》，联合国网站，2016年12月1日，https://undocs.org/zh/S/2016/1011，访问日期：2023年4月21日。

亚面临的一些紧迫挑战，妇女在公共生活中的地位和存在降低，加强民间社会，青年激进化，制定利比亚国家综合发展议程的进程。

2016年9月28—29日，联利支助团与联合国开发计划署、国际货币基金组织和世界银行一道，在突尼斯举办了第四届利比亚专家发展合作论坛。论坛分析了拟向民族团结政府提出的政策方案、行动和优先事项。

2016年4月，联合国开发计划署在联利支助团和国际社会的支持下，推出利比亚稳定融资机制，收到会员国认捐的3 000万美元，民族团结政府保证出资同等数额。稳定融资机制委员会仔细研究了筛选标准，商定为利比亚班加西、基克莱以及奥巴里和塞卜哈提供支持。援助内容包括向医院诊所、学校、应急服务单位、废物废水管理机构提供基本设备，并修复在战斗中损坏的小型基础设施。

四、新形势下联合国在利比亚重建中的作用（2017—2021年）

利比亚团结政府成立后，利比亚的重建进入了一个新的时期。在"伊斯兰国"势力在利比亚失去控制地盘，以及部分伊斯兰派议员支持下建立的"救国政府"寿终正寝

第四章　利比亚国家重建中的外部因素

之后，团结政府至少在形式上成为利比亚唯一的合法政府，利比亚各派政治力量基本分化成民族团结政府和国民代表大会两大权力中心东西对垒的格局，不过两大力量的冲突并没有停止。

国际社会积极斡旋，继续推动利比亚各派重启谈判。2020年10月，经过艰苦谈判，利比亚冲突双方签署了"永久"停火协议。11月9日，利比亚政治对话论坛在突尼斯开启，利比亚各方就政治安排达成共识。

从2017年到2021年，联合国安理会通过了15个有关利比亚的决议。这其中比较重要的决议包括2017年第2376号决议、2018年第2434号决议、2019年第2486号和2020年第2542号决议。这些决议内容大同小异，基本上包括三个方面的内容。一是延长联利支助团的任务期限。二是作为一项综合特别政治任务，完全依照国家自主原则开展调解和斡旋工作，以便支持：（1）《利比亚政治协议》框架内的包容性政治进程；（2）继续执行《利比亚政治协议》；（3）巩固民族团结政府的治理、安全和经济安排；（4）利比亚过渡进程的后续阶段。三是在其行动和安保限度内，执行一些具体任务，主要包括支持利比亚主要机构；根据人道主义原则提供人道主义援助；监测和报告人权状况；协助保管未受管制的军火和相关军用品，阻止它们扩散；

以及协调国际援助等。①

尽管联合国（特别是联利支助团）在利比亚的任务很多，但是自 2016 年以来一个核心任务就是面对利比亚出现的新形势，致力于落实《利比亚政治协议》，实现真正的民族和解。为了实现这一目标，2017—2021 年，联合国进行了艰苦的调解工作。

2017 年，加桑·萨拉姆出任联合国秘书长利比亚问题特别代表，提出解决利比亚问题的路线图。该计划有三项主要内容：促进达成关于《利比亚政治协议》有限修正案的协议，以便振兴政府，完成剩余的过渡时间；召开全国会议，以振兴国家政体并指导剩余过渡时期的工作；举行选举。②

2018 年 11 月中旬，意大利政府倡议召开的利比亚

---

① 参见联合国安理会：《联合国安理会第 2376（2017）号决议》，2017 年 9 月 14 日，https://documents-dds-ny.un.org/doc/UNDOC/GEN/N17/287/10/PDF/N1728710.pdf?OpenElement；联合国安理会：《联合国安理会第 2434（2018）号决议》，2018 年 9 月 13 日，https://documents-dds-ny.un.org/doc/UNDOC/GEN/N18/286/11/PDF/N1828611.pdf?OpenElement；联合国安理会：《联合国安理会第 2486（2019）号决议》，2019 年 9 月 12 日，https://documents-dds-ny.un.org/doc/UNDOC/GEN/N19/278/40/PDF/N1927840.pdf?OpenElement；联合国安理会：《联合国安理会第 2542（2020）决议》，2020 年 9 月 15 日，https://documents-dds-ny.un.org/doc/UNDOC/GEN/N20/237/67/PDF/N2023767.pdf?OpenElement，访问日期：2023 年 4 月 21 日。

② 联合国安理会：《秘书长关于联合国利比亚支助团的报告（S/2018/140）》，联合国网站，2018 年 2 月 12 日，https://undocs.org/zh/S/2018/140，访问日期：2023 年 4 月 21 日。

第四章 利比亚国家重建中的外部因素

问题国际会议在西西里岛首府巴勒莫举行，萨拉姆提出推进利比亚政治过渡"三步走"方案，即2019年上半年先后举行利比亚全国对话会、制宪公投、总统和议会选举。2019年4月，的黎波里爆发冲突，政治进程陷入停顿。萨拉姆与广泛的国家、区域和国际行为体接触，以就停止敌对行动达成协议，并恢复政治谈判。为了保持政治进程的势头，联利支助团已两次主办了第二轨道外交活动，参加者包括在突尼斯哈马马特举行的全国会议受邀者，目的是听取他们对如何通过重返政治进程结束暴力和解决冲突根源的看法。① 2019年8月15日，萨拉姆会晤了德国总理默克尔。之后，德国在柏林主办了5次筹备会议，以调动参与利比亚事务的国际社会成员的支持，为开展能够结束暴力和恢复政治进程的利比亚内部对话创造必要条件。②

2020年1月，联合国牵头的利比亚问题国际会议在德国首都柏林举行，与会各方同意以政治方式而非军事方式解决利比亚问题，并在军事、政治和经济三个轨道

---

① 联合国安理会：《秘书长关于联合国利比亚支助团的报告（S/2019/682）》，联合国网站，2019年8月26日，https://undocs.org/zh/S/2019/682，访问日期：2023年4月21日。

② 联合国安理会：《秘书长关于联合国利比亚支助团的报告（S/2020/41）》，联合国网站，2020年1月15日，https://undocs.org/zh/S/2020/41，访问日期：2023年4月21日。

上展开谈判。

2020年1月和2月，联利支助团在突尼斯主持了利比亚内部对话经济轨道的两次会议。2月3日，在联利支助团主持下，联合军事委员会在日内瓦举行了第一次会议，其目标是达成持久停火并恢复平民区的安全。2月26日，联利支助团在日内瓦召集了一次利比亚政治论坛（利比亚内部对话政治轨道）会议。①

2020年3月，利比亚问题特别代表兼联利支助团团长加桑·萨拉姆宣布辞职，斯蒂芬妮·图尔科·威廉斯被任命代理特别代表兼联利支助团团长。

2020年9月17日，联利支助团主持了利比亚内部经济对话第三次会议。2020年10月，在联合国主持下，"5+5"联合军事委员会第四轮面对面会议在日内瓦举行，并于10月23日签署了停火协定。2020年11月9日至15日，联利支助团在联合国开发计划署的支持下，召开了利比亚政治对话论坛第一次面对面会议。该论坛通过了一份政治路线图。②

---

① 联合国安理会：《秘书长关于联合国利比亚支助团的报告（S/2020/360）》，联合国网站，2020年5月5日，https://undocs.org/zh/S/2020/360，访问日期：2023年4月21日。

② 联合国安理会：《秘书长关于联合国利比亚支助团的报告（S/2021/62）》，联合国网站，2021年1月19日，https://undocs.org/zh/S/2021/62，访问日期：2023年4月21日。

第四章 利比亚国家重建中的外部因素

2021年2月1日至5日，联利支助团在瑞士政府的支持下，在日内瓦主持召开了利比亚政治对话论坛会议。5日，利比亚政治对话论坛成员选出了新的临时行政当局。

2021年2月8日，新任利比亚问题特使兼联利支助团团长扬·库比什上任。2月15日至20日，他在的黎波里和班加西会见了利比亚各行为体，随后与国家、区域和国际行为体进行了虚拟和面对面的协商。特使在沟通中强调，推进执行2020年10月23日在联合国日内瓦办事处签署的停火协议至关重要。他着重指出，必须支持新的临时统一行政当局完成统一利比亚及其机构的任务。

2021年2月11日，联利支助团主持召开了利比亚经济对话全体会议；3月26日，主持召开了利比亚政治对话论坛虚拟会议；4月7日至9日，又在突尼斯主持召开了利比亚政治对话论坛法律委员会会议。此外，联利支助团还继续支持"5+5"联合军事委员会继续发挥领导作用。①

2021年6月23日，联合国和德国共同主持了第二次

---

① 联合国安理会：《秘书长关于联合国利比亚支助团的报告（S/2021/451）》，联合国网站，2021年5月11日，https://undocs.org/zh/S/2021/451，访问日期：2023年4月21日。

利比亚问题柏林会议。与会者在会议结论中重申，必须根据路线图，在 2021 年 12 月 24 日如期举行总统和议会选举。①

11 月 17 日，秘书长利比亚问题特使扬·库比什提出辞职。12 月 6 日，秘书长任命斯蒂芬妮·威廉姆斯为他的利比亚问题特别顾问。12 月 12—23 日，特别顾问在的黎波里、米苏拉塔、苏尔特、班加西会晤了政治、安全、经济、民间社会等方面的代表，特别顾问在磋商中重点讨论了影响选举进程的挑战，探讨了如何在应对这些挑战的同时保持举行选举的势头。秘书长特使于 10 月 18—27 日、11 月 15 日至 12 月 3 日访问利比亚，与主要政治行为体开展互动，讨论了政治路线图的执行情况，包括总统选举和议会选举的举行情况。联利支助团继续协助执行 2020 年 10 月 23 日签署的停火协定。支助团协助"5+5"联合军事委员会 10 月 5—8 日在联合国日内瓦办事处举行了会议。此外，由联合国、埃及、美国、欧盟共同主持的经济工作组密切合作，支持利比亚中央银行按照 2021 年 7 月定稿的审计报告中的建议推进央行

---

① 联合国安理会：《秘书长关于联合国利比亚支助团的报告（S/2021/752）》，联合国网站，2021 年 8 月 25 日，https://undocs.org/zh/S/2021/752，访问日期：2023 年 4 月 21 日。

第四章 利比亚国家重建中的外部因素

的统一。①

整体来看,从 2017 年到 2021 年,联合国(尤其是联利支助团)在停火、促谈求和以及利比亚内部政治、军事和经济三个轨道对话等方面作了大量的工作,特别是通过柏林进程将国际社会团结在三个关键轨道上,促使利比亚各派于 2020 年 10 月 23 日达成停火,就路线图达成协议。秘书长的报告指出,利比亚人和国际社会都非常认可和赞赏联合国在利比亚的作用。总体而言,大多数利益攸关方认为联合国是一个可信、公正的行为体,其领导作用必须继续下去。②

与此同时,也必须看到联合国这些工作并非全都实现了预期的目标。究其原因,首先,联合国主持的和谈进程包容性不够,大量的武装团体和派别没有参与其中;其次,联合国的调停往往设置最后期限,很多时候操之过急,而且联合国本身也不可避免在许多时候带有自己的立场,从而致使人们怀疑其公正性;最后,也是最重

---

① 联合国安理会:《秘书长关于联合国利比亚支助团的报告(S/2022/31)》,联合国网站,2022 年 1 月 27 日,https://undocs.org/zh/S/2022/31,访问日期:2023 年 4 月 21 日。
② 联合国安理会:《关于联合国利比亚支助团独立战略审查的报告(S/2021/716)》,联合国网站,2021 年 8 月 9 日,https://undocs.org/zh/S/2021/716,访问日期:2023 年 4 月 21 日。

要的，利比亚不仅内部派别林立，而且存在着支持这些派别的外部力量，他们往往反对联合国的协议，阻挠联合国的促和进程。①

对于利比亚的和谈进程，2020年宣布辞职的加桑·萨拉姆曾经指出，他自己寻求"让利比亚人重新团结起来，遏制外界的干涉，维护国家的统一"。但是，利比亚从冲突到谈判、从停火到达成协议以及撕毁协议再度交战的循环怪圈，让他无法"承受这种压力"，"所以我请求秘书长解除我的使命，祝愿利比亚和平与稳定"。②

第二节　利比亚重建的区域性力量——欧盟

利比亚是环地中海和北非地区的一个重要国家。环地中海和北非地区对欧盟具有重要的经济、政治、安全和战略意义。

---

① Lisa Watanabe, "UN Mediation in Libya: Peace Still a Distant Prospect," *CSS Analyses in Security Policy*, no. 246 (June 2019), accessed April 2, 2023, https://css.ethz.ch/content/dam/ethz/special-interest/gess/cis/center-for-securities-studies/pdfs/CSSAnalyse246-EN.pdf.
② 《利比亚和谈破裂乱局难破，联合国利比亚特使宣布辞职》，2020年3月3日，中国新闻网，https://world.gmw.cn/2020-03/03/content_33615003.htm，访问日期：2023年4月21日。

第四章　利比亚国家重建中的外部因素

首先，保持该地区稳定是欧盟维护自身安全的需要。"由于这一地区经济发展落后、战乱不已、恐怖主义十分活跃，对欧盟是严重威胁。特别是来自这一地区的大量移民更是对许多欧盟成员国构成直接的经济与社会的压力"。[1]

其次，欧盟与该地区有着重要的经济联系。环地中海和北非地区拥有丰富的石油和天然气资源，在经济上与欧洲国家具有很强的互补性，是欧盟重要的出口市场。因此，这一地区对欧盟国家经济发展具有重要战略意义。

最后，该地区是欧盟推行价值观，展现其规范性力量的重要对象。利用欧洲国家与这一地区国家历史上的密切联系，影响这些国家的政治发展，一方面可以巩固并发展欧洲在该地区的既得利益，另一方面还可以向世界展示欧洲价值观的影响力。[2]

冷战结束后，欧盟一方面不断加强其内部一体化，另一方面开始重视发展与其南部周边——环地中海和北非地区国家的关系。2003年12月，欧盟通过了《欧洲安全战略》，旨在使欧盟成为更有能力、更连贯和更积

---

[1] 周弘：《欧洲发展报告（2011—2012）：欧债危机与欧洲经济治理》，社科文献出版社，2012，第22页。
[2] 周弘：《欧洲发展报告（2011—2012）：欧债危机与欧洲经济治理》，社科文献出版社，2012，第23页。

极的全球参与者。《欧洲安全战略》确定的优先事项之一是"在欧盟的东边和环地中海地区建立起（环绕欧盟的）一条良治国家带，我们能够同这些国家建立密切的合作关系"。① 2004 年，欧盟推出了针对其周边地区的睦邻政策，该政策的目的是要与睦邻国分享 2004 年欧盟扩大的利益，并防止扩大的欧盟与睦邻国出现新的分界线。欧洲睦邻政策的愿景是将周边的国家进一步结合，而这些国家都不必成为欧盟的成员国。2008 年 3 月，在法国总统萨科齐的提议下，欧盟首脑峰会通过了建立"地中海联盟"的计划。该计划旨在通过实施一系列地区性或跨国性的项目促进地中海地区一体化和相互融合。它是对欧盟与地中海沿岸国家双边关系的补充，并将欧盟睦邻政策、扩大政策以及欧盟的非洲政策相衔接。②

整体来看，欧盟对利比亚的政策是在其睦邻政策和地中海联盟计划框架下展开的，"在这个框架内，欧盟为其邻国提供了一种特殊的关系，并在共同制定的优先事项确定的领域加强了合作。欧盟旨在与其邻国一道，在民主和人权、法治、善政、市场经济原则和可持续发

---

① Council of the European Union, "Europe Security Strategy: A Secure Europe in a Better World," December 12, 2003, accessed April 21, 2023, https://eclan.eu/files/attachments/.1615/doc_10184_290_en.pdf.

② 赵怀普：《欧盟政治与外交》，世界知识出版社，2021，第 317 页。

第四章 利比亚国家重建中的外部因素

展等共同价值观的基础上,加强繁荣、稳定和安全。然而,与该地区的大多数其他国家不同的是,利比亚尚未与欧盟签订联合协定"。①

在2011年的利比亚冲突中,欧盟并没有形成统一的应对政策,尤其是在对利比亚进行军事干预的问题上,内部还出现了明显的分裂。欧盟成员中的法国和英国充当了急先锋的角色,在联合国安理会积极推动对利比亚进行制裁,并率先对卡扎菲政权进行军事打击;意大利为了保持与利比亚的传统关系在危机爆发初期采取了不作为的方法,而德国出于其外交传统和国内政治的制约在安理会第1973号决议中投了弃权票,强调了和平解决冲突的必要性。②

2011年2月23日,欧盟启动民事保护机制,疏散和撤离了在利比亚的约500名欧盟公民。同时,欧盟紧急向利比亚提供人道主义援助。欧盟委员会和欧盟成员国为人道主义援助和公民保护提供了超过1.448亿欧元,在危机的最初几个月,欧盟是利比亚最大的人道主义捐

---

① "Libya and the EU," EEAS, July 27, 2021, accessed April 21, 2023, https://www.eeas.europa.eu/libya/european-union-and-libya_en?s=105.

② Shaista Shaheen Zafar, "The European Union's Role in Post-Gaddafi Libya," *Journal of European Studies* 33, no. 1 (January 2, 2017): 33-53.

助者。①

根据联合国安理会决议，欧盟对利比亚实施制裁。理事会通过了第 2011/137/CFSP 号决定，以执行联合国安理会第 1970 号决议。除了欧盟已经采取的措施外，还采取了进一步措施，包括对利比亚实施武器禁运。此外，还实施了一些定向制裁，其中包括对 26 名与卡扎菲政权关系密切的人实施签证禁令和资产冻结。②

从 2011 年到 2021 年，欧盟作为一个重要的外部变量，始终以积极的姿态介入利比亚冲突后的国家重建。

总体来看，欧盟作为一个整体，主要通过三个层面在利比亚的转型中发挥建设性的作用。一是国际层面，与有关国家协调，主持或参加国际会议，配合联合国相关机构，发挥合力，支持利比亚的和平进程；二是区域层面，在地中海地区，根据联合国的相关决议和欧盟的共同防御政策，启动打击非法移民和非法武器走私的地区性行动，支持利比亚边境治理；三是国家和地方层面，通过专项计划继续对利比亚进行人道主义援助，支持利

---

① Shaista Shaheen Zafar, "The European Union's Role in Post-Gaddafi Libya," *Journal of European Studies* 33, no. 1 (January 2, 2017): 33-53.

② European Council, "European Council Declaration (EUCO 7/1/11 REV 1)," Brussels, April 20, 2011, accessed April 21, 2023, https://www.consilium.europa.eu/uedocs/cms_data/docs/pressdata/en/ec/119780.pdf.

比亚政治稳定、安全部门改革以及经济重建。

一、参与国际协调，支持联合国在利比亚的工作

欧盟支持联合国在利比亚和平进程中的调解作用。在关于利比亚的声明中，欧盟反复声明，"全力支持联合国的工作，特别是赞扬联合国秘书长特别代表和联合国利比亚支助特派团的努力"。① 欧盟与联合国密切合作，并积极参与联合国领导的利比亚柏林进程，旨在恢复全国的和平与稳定。②

欧盟还与邻国和区域伙伴合作，包括在利比亚问题四方会议中与阿拉伯国家联盟、非洲联盟和联合国进行合作，推进政治进程，协助利比亚实现民主过渡。2017年5月，欧盟在布鲁塞尔主持了第二次利比亚问题四方会议，会议呼吁利比亚各方进行全面、建设性的会谈。欧盟派代表参加了2020年1月和2021年6月的利比亚

---

① Council of the EU, "Council Conclusions on Libya," March 16, 2015, accessed April 21, 2023, https://www.consilium.europa.eu/en/press/press-releases/2015/03/16/council-conclusions-libya/.

② "Libya and the EU," July 27, 2021, accessed April 21, 2023, https://www.eeas.europa.eu/libya/european-union-and-libya_en?s=105.

问题柏林会议、2021年11月的巴黎会议，强调要更有力地参与政治解决的进程，对政治进程的破坏者、侵犯人权和国际人道主义法律的人、人口贩运者采取制裁。自2018年以来，欧盟已经提供了930万欧元，以支持利比亚的政治与和解进程。①

二、重视移民问题，发起区域性行动

长期以来，地中海非法移民问题是欧盟面临的一个难题。在地中海路线中，利比亚处于枢纽位置，扮演着关键的角色。该国长期以来一直是逃离冲突和迫害或寻求摆脱极端贫困以及无法获得经济、社会和文化权利的个人的过境国和目的地国；其毗邻南欧的地理位置和无政府的国内状况对于从事非法移民"事业"的人口贩子来说是一个非常理想的走私地。②

为了解决这一难题，欧盟采取了多项措施，其中最重要的两项措施就是根据联合国的相关决议和欧盟的共

---

① "EU-Libya Relations," February 11, 2022, accessed April 21, 2023, https://www.eeas.europa.eu/eeas/eu-libya-relations_en.

② Olubukola S. Adesina, "Libya and African Migration to Europe," in Olayiwola Abegunrin and Sabella O. Abidde, *African Migrants and the Refugee Crisis* (Cham, Switzerland: Springer Nature Switzerland AG, 2021), p. 226.

第四章　利比亚国家重建中的外部因素

同防御政策，启动打击非法移民和非法武器走私的地区性行动，支持利比亚边境治理。

（一）索菲亚行动等行动

2016年6月，欧洲理事会决定在中部和南部地中海地区开展索菲亚行动，目的是通过军事行动对地中海中部和南部存在的移民走私行为进行打击，在国际法允许的范围内识别和摧毁移民走私蛇头的船只和资产，该行动已经在2020年3月结束。

欧盟索菲亚行动的核心目标是通过系统性的工作，以识别、捕获和处置非法走私者或贩运者的船只，以及破坏在地中海的非法贩运和非法人口走私的商业网，防止无辜的生命遭受非法行为的威胁。根据联合国秘书长的报告，2015年6月到2019年9月的索菲亚行动，共处置了551艘船只，逮捕了151名偷运移民者，并在地中海中部救援了4.9万人。[①]

2016年5月23日，欧洲联盟理事会承诺应利比亚民族团结政府的请求开展工作，与其结成伙伴关系，采取

---

① 联合国安理会：《安全理事会第2437（2018）号决议的执行情况（S/2019/711）》，联合国网站，2019年9月5日，https://undocs.org/zh/S/2019/711，访问日期：2023年4月21日。

全面办法管理移徙问题，包括努力打击偷运者和贩运者，并向利比亚海岸警卫队和海军提供能力建设和培训。8月23日，欧洲联盟军事行动与利比亚海岸警卫和港口安全局签署了关于培训海岸警卫队和海军的谅解备忘录。①不久，欧洲联盟地中海中南部军事行动在希腊、意大利、马耳他和西班牙以及欧洲联盟、联合国难民署、国际移民组织、联利支助团和非政府组织的支持下协调并提供培训，使得利比亚海岸警卫队和海军的能力不断增强。②2016年底到2020年1月15日，索菲亚行动培训了477名利比亚军事人员，包括265名海岸警卫队人员和212名海军军官。③

2019年9月1日至2020年2月29日，利比亚海岸警卫队和海军在利比亚搜救区域内执行了大约65%的救援和拦截行动。2019年12月，作为压力适应培训课程的一部分，索菲亚行动首次在海上进行模拟，以让利比

---

① 联合国安理会：《秘书长根据安全理事会第2240（2015）号决议提交的报告（S/2016/766）》，联合国网站，2016年9月7日，https://undocs.org/zh/ S/2016/766，访问日期：2023年4月21日。
② 联合国安理会：《秘书长根据安全理事会第2380（2017）号决议的执行情况（S/2018/807）》，联合国网站，2018年8月31，https://undocs.org/zh/S/2018/807，访问日期：2023年4月21日。
③ 联合国安理会：《安全理事会第2491（2019）号决议的执行情况秘书长的报告（S/2020/275）》，联合国网站，2020年4月6日，https：//undocs.org/zh/ S/2020/275，访问日期：2023年4月21日。

亚海岸警卫队和海军为某些行动和战术活动,如搜救行动和瓦解偷运移民行动的复杂性和敏感性做好准备。[①]

除了索菲亚行动以外,2020年3月,欧盟还发起了埃里尼行动(Operation Irini),利用地中海地区的空中、海上及卫星资源,监督联合国对利比亚实施的武器禁运。

(二) 欧盟驻利比亚综合边境管理援助特派团

2013年5月22日,欧洲联盟理事会决定建立欧盟驻利比亚综合边境管理援助特派团,该特派团为共同安全与防务政策下的一个民事特派团,以支持利比亚当局改善和发展该国的边境安全。2018年12月17日、2020年4月16日和2021年3月2日,欧盟先后延长特派团的任务期限,该特派团任务于2025年6月30日到期。

特派团初期的目标是支持利比亚当局发展能力,在短期内加强利比亚的陆地、海洋和空中边界的安全,在长期内制定更广泛的综合边界管理战略,主要任务如下:(1) 通过培训和指导,支持利比亚当局按照国际标准和最优方案加强边境服务;(2) 就制定利比亚国家综合边

[①] 联合国安理会:《安全理事会第2491 (2019) 号决议的执行情况秘书长的报告 (S/2020/275)》,联合国网站,2020年4月6日,https://undocs.org/zh/ S/2020/275,访问日期:2023年4月21日。

境管理战略向利比亚当局提供咨询;(3) 支持利比亚当局加强其机构运作能力。①

2018年12月17日,根据利比亚变化的国情,特派团将目标调整为协助利比亚当局在利比亚建立国家安全结构,特别是在边境管理、执法和刑事司法领域,以促进瓦解有组织犯罪网络在利比亚和地中海中部地区参与偷运移民、人口贩运和恐怖主义的活动。主要任务也相应地调整为:(1) 支持制定更广泛的边境管理框架,特别是通过制定关于综合边境管理战略的白皮书;(2) 支持内政部在执法方面的能力建设和战略规划;(3) 支持机构改革,为司法部提供战略规划援助;(4) 支持捐助者和项目实施之间的战略协调,以响应利比亚在边境管理、执法和刑事司法领域的需求。②

2021年7月以后,其目标调整为协助利比亚当局在利比亚建立国家安全结构,特别是在边境管理、执法和

---

① The Council of the European Union, "Council Decision 2013/233/CFSP of 22 May 2013 on the European Union Integrated Border Management Assistance Mission in Libya," accessed April 21, 2023, https://www.eeas.europa.eu/sites/default/files/celex_32013d0233_en_txt.pdf.

② The Council of the European Union, "Council Decision (CFSP) 2018/2009 of 17 December 2018 Amending and Extending Decision 2013/233/CFSP on the European Union Integrated Border Management Assistance Mission in Libya." accessed April 21, 2023, https://eur-lex.europa.eu/legal-content/EN/TXT/PDF/?uri=CELEX:32018D2009.

第四章　利比亚国家重建中的外部因素

刑事司法领域，以促进瓦解有组织犯罪网络的努力；支持联合国领导的在边境管理、执法和刑事司法领域为利比亚和平所做的努力。主要任务又增加了"如果联合国或利比亚当局提出正式请求，理事会应根据欧洲对外行动局提出的专门战略分析，决定采取相应的行动"。①

2023年6月26日，欧盟将该特派团的任务期限延长至2025年6月30日，其中2023年7月1日至2025年6月30日的预算为8 485万欧元。② 在战略层面上，特派团帮助利比亚当局建立了一个跨部门的机构，即边境管理工作小组，以协调海军、警察、边防军、海关和所有其他相关机构之间的应对措施。特派团还与边境管理工作组密切合作，带头协调边境管理领域的国际支持。

特派团在利比亚的培训、咨询和指导活动的内容涵盖了综合边境管理所有领域，如机构内和机构间的合作、风险管理方法、现有设备的最佳使用和机构的重组以提

---

① The Council of the European Union, "Council Decision (CFSP) 2021/1009 of 18 June 2021 amending Decision 2013/233/CFSP on the European Union Integrated Border Management Assistance Mission in Libya," accessed April 21, 2023, https://www.eeas.europa.eu/sites/default/files/celex_32021d1009_en_txt.pdf.

② "EUBAM Libya Factsheet," EEAS, August 8, 2023, accessed September 15, 2023, https://www.eeas.europa.eu/sites/default/files/documents/2023/EUBAM-Libya-factsheet.pdf.

高效益。特派团在几个地方进行了培训并提供了边境管理建议。在航空安全、车辆和护照检查、风险分析、国际和机构间合作以及海上搜索和救援等方面，向数百名利比亚边境管理官员提供了培训和咨询。2021年2月至2023年9月，欧盟驻利比亚综合边境管理援助特派团团长是意大利人纳塔利娜·塞亚（Natalina Cea）。由于利比亚局势的不稳定，2019年，特派团总部迁往突尼斯，与欧盟驻利比亚代表团一同办公。2020年以后，由于新冠疫情暴发，主要工作成员被迫回国。2020年9月以后，特派团重返利比亚。2017年8月以来，特派团的工作人员上限为38名国际人员。[①]

特派团在利比亚的存在是欧盟了解利比亚的重要渠道。特派团在边境管理、执法、刑事司法、战略协调以及促进人权和性别平等领域取得了切实成果，并赢得了利比亚主要对话者的信任和赞誉。代表团成功地确保了与欧盟、联合国、欧盟成员国和其他合作伙伴的协调。不过，由于利比亚国内政局的不稳定，特派团并没有完

---

① "About the EU Border Assistance Mission in Libya (EUBAM)," EEAS, September 15, 2021, accessed April 21, 2023, https://www.eeas.europa.eu/eubam-libya/about-eu-border-assistance-mission-libya-eubam_en?s=327.

第四章　利比亚国家重建中的外部因素

成其既定的目标，其作用仍然是有限的。①

三、为利比亚提供人道主义援助，通过双边渠道支持转型

欧盟向利比亚提供了大量的援助，通过提供人道主义援助来缓解利比亚的人道主义危机，通过双边的渠道来帮助利比亚的重建。

（一）人道主义援助

利比亚国内的激烈冲突和政治分裂严重影响了利比亚的社会结构、基本服务和国家基础设施。冲突破坏的经济和新冠疫情恶化了包括移民在内的最弱势群体的应对能力。

近年来，利比亚的人道主义情况有所缓解，但是仍然面临着巨大的需求。根据联合国的报告，自2016年以来，共有648 317名流离失所的利比亚人返回，但是

---

① Working document of the European External Action Service, *EUBAM Libya Strategic Review 2021*, statewatch, accessed April 21, 2023, https://www.statewatch.org/media/1964/eu-eeas-eubam-libya-strategic-review-eeas-2021-174.pdf.

2022年利比亚可能仍有超过803 000人流离失所，需要救助。①

欧盟是利比亚最大的人道主义援助外部行为体。截至2022年2月，欧盟向利比亚拨款8 830万欧元（其中包括2022年的400万欧元）。欧盟的资金主要用于解决该国最紧迫的需求以及支持新冠疫苗接种的推广。欧盟人道主义合作伙伴正在确保有需要的人能够获得医疗保健、教育、保护和现金援助。②

（二）为利比亚转型提供支持资金

除了直接向利比亚提供人道主义援助之外，欧盟通过双边和多边渠道支持利比亚的转型。欧盟与联合国紧密合作，积极参与联合国领导的旨在恢复全国和平与稳定的利比亚柏林进程。2018年以来，欧盟已经提供了930万欧元支持利比亚的政治与和解进程。欧盟的资金

---

① United Nations Office for the Coordination of Humanitarian Affairs (OCHA), "Libya Humanitarian Response Plan 2022," January 19, 2022, accessed April 21, 2023, https://reliefweb.int/sites/reliefweb.int/files/resources/libya_hrp_2022_final.pdf.

② European Commission's Directorate-General for European Civil Protection and Humanitarian Aid Operations, "ECHO Factsheet-Libya (Last updated 01/08/2022)," August 1, 2022, accessed April 21, 2023, https://reliefweb.int/report/libya/echo-factsheet-libya-last-updated-01082022.

第四章 利比亚国家重建中的外部因素

特别支持利比亚和国际民间社会组织为支持民族和解和联合国领导的和平调解努力而实施的对话举措。

2014—2020年,欧盟对利比亚的援助达到约7亿欧元。它来自不同的外部融资工具,主要是欧洲睦邻机制下的双边援助、欧盟非洲紧急信托基金的资金、欧盟稳定与和平工具(the Instrument contributing to Stability and Peace)和人道主义援助。

2014—2020年,欧盟在欧洲睦邻机制下向利比亚分配了约9 800万欧元的双边援助,欧盟稳定与和平工具下分配了8 200万欧元。

欧盟的双边援助主要集中在以下方面。(1)治理。欧盟支持加强中央和地方各级的公共管理能力。(2)经济发展。欧盟支持改善商业环境,提高商业支持服务和中小企业的能力,并为中小企业提供融资渠道。(3)选举。多年来,欧盟一直在支持选举进程。它通过联合国开发计划署向选举委员会拨款1 170万欧元。(4)卫生。欧盟支持改善利比亚的卫生服务。(5)非政府组织的发展。欧盟支持非政府组织加强能力建设。(6)调解和稳定。欧盟支持改善公共服务、调解冲突和解决冲突的努力。(7)排雷。欧盟向利比亚当局提供技术支持和设备,以帮助清除估计为15万—20万吨不受控制的弹药、简易爆炸装置和其他战争遗留物。

欧盟非洲紧急信托基金是欧盟向利比亚援助和提供支持的重要机制。欧盟已在欧盟非洲紧急信托基金的北非窗口下拨款约4.55亿欧元,使利比亚成为其最大的受益者。超过一半的资金用于保护移民、难民和弱势人群,三分之一用于利比亚城市的社区稳定,其余用于边境管理行动,其目的是拯救那些从海上或陆地偷渡到欧盟的人的生命。

欧盟针对利比亚抗击新冠疫情提供了超过6 600万欧元援助。欧盟通过联合国系统及非洲推广疫苗计划,帮助利比亚东部、西部和南部最脆弱人群获得新冠疫苗接种。欧盟通过双边项目加强利比亚的卫生系统建设、协助打击虚假信息和支持利比亚的经济复苏。2022年,欧盟与世界卫生组织、国际移民组织、联合国儿童基金会、世界粮食计划署进行合作,实施一项耗资2 310万欧元的抗击新冠疫情专项计划,以协助利比亚政府更好地协调全国范围内的新冠病毒应对工作。[1]

---

[1] "EU-Libya Relations," EEAS, February 11, 2022, accessed April 21, 2023, https://www.eeas.europa.eu/eeas/eu-libya-relations_en.

第四章 利比亚国家重建中的外部因素

第三节 利比亚重建的大国力量——俄罗斯

历史上，利比亚曾经与俄罗斯（苏联）保持着密切的关系。卡扎菲政权被推翻后，两国关系一度降温。2015年以来，随着俄罗斯中东和北非政策的调整，特别是普京政府以出兵叙利亚为杠杆重返中东后，俄罗斯也开始以全新的角色介入利比亚事务，并在冲突后的利比亚国家重建中发挥着独特的作用。

一、俄罗斯（苏联）与利比亚关系的历史回顾（1945—2011年）

俄罗斯对中东和北非地区素有历史情结，从沙俄时代开始，俄罗斯就深深地卷入该地区的纷争之中。利比亚是中东和北非地区的面积最大的国家之一，尽管俄罗斯与利比亚交往有着悠久的历史，但是，从严格意义上说，俄罗斯（苏联）与利比亚关系开始于二战以后。

二战结束后，苏联通过联合国及其下属机构在利比亚独立问题上发挥了建设性的作用。1955年9月，利比亚与苏联建立了外交关系。不过，由于伊德里斯王朝执行亲西方的外交政策，利比亚与苏联的关系比较冷淡。①

1969年，卡扎菲发动"九月革命"以后，两国关系开始紧密起来。在冷战背景下，中东是超级大国战略博弈的重点地区之一。为了与美国在该地区进行竞争，苏联高举"三反"（反封建、反殖、反帝）旗帜，大力支持地区民族民主运动和左翼政治组织，培育了一大批地区盟友，苏联被部分阿拉伯世界奉为"救星"，而苏联在该地区也以"救世主"自居，大力推销苏联的意识形态和政治制度、发展模式。② 利比亚很快成为苏联打入中东和北非地区的一个楔子。20世纪70年代埃及与苏联关系破裂后，利比亚更成为苏联竭力拉拢的对象。而随着卡扎菲政权与西方关系的对立，利比亚也希望在政治上借助苏联来抗美反以，在军事上购买苏联的武器装备。

冷战期间，尽管莫斯科和的黎波里从未结成正式联盟，但是利比亚作为苏联在地中海利益的前沿基地发挥了重要作用。苏联部长会议主席阿列克谢·柯西金在

---

① 潘蓓英编著：《列国志：利比亚》，社科文献出版社，2007，第282页。
② 唐志超：《从配角到主角：俄罗斯中东政策的转变》，《俄罗斯东欧中亚研究》2020年第2期。

第四章 利比亚国家重建中的外部因素

1975 年访问了利比亚，卡扎菲也在 1976 年、1981 年和 1985 年三次访问莫斯科，两国的政治关系不断加深。20 世纪 70 年代和 80 年代，苏联和利比亚的贸易额约为每年 1 亿美元。其间，莫斯科还向利比亚提供了价值约 46 亿美元的武器，占该国武器库存的 90%。[1] 不过，20 世纪 90 年代，随着冷战的结束和苏联的解体，两国准盟友关系也结束了。

苏联解体后，其继承者俄罗斯由于内部危机重重，对外关系上相对收缩，没有更多的精力来关注利比亚，加上叶利钦政府在联合国投票支持对利比亚进行制裁，两国关系在 20 世纪 90 年代停滞不前，两国的贸易在 90 年代中期也萎缩到每年只有 100 万美元左右。[2]

进入 21 世纪，普京就任总统后，俄罗斯对外开始重塑大国形象。2003 年，联合国解除了对利比亚的制裁，俄罗斯与利比亚的关系逐渐转暖。2008 年 4 月和 10 月，普京和卡扎菲实现了互访，两国经济和军事合作也不断加强。普京访问利比亚时，双方签订了包括铺设苏尔特至班加西 500 千米长的铁路在内的多笔合作大单，而卡

---

[1] Katz, M. N, "The Russian-Libyan Rapprochement: What Has Moscow Gained," *Middle East Policy* 15, no. 3 (2008).

[2] Ibid.

扎菲回访俄罗斯则带回了包括苏-30战斗机、T-90主战坦克以及先进的地对空导弹在内的价值约10亿美元的军购清单。① 1999年，俄罗斯对利比亚出口只有约237.8万美元，2004年俄罗斯对利比亚出口约5 350万美元，② 而到了2010年则快速飙升到2.3亿美元。③ 有消息称，在2011年卡扎菲倒台之前，俄罗斯曾与的黎波里签署了40亿—100亿美元的军火协议。半岛电视台援引俄罗斯一位高级武器官员的话说，由于利比亚冲突，莫斯科损失了40亿美元的武器交易。④ 据媒体报道，从1970年到2009年，利比亚在武器上支出约300亿美元，其中和苏联（俄罗斯）的交易超过220亿美元。⑤

2011年2月，利比亚冲突爆发。在利比亚2011年

---

① 王雪：《卡扎菲为何访问俄罗斯》，搜狐网，2008年10月31日，https://news.sohu.com/20081031/n260364998.shtm，访问日期：2023年4月21日。

② Antonio Sánchez Andrés, "Political-Economic Relations between Russia and North Africa," Working Paper, November 2006, Real Instituto Elcano., accessed April 21, 2023, https://www.files.ethz.ch/isn/31874/WP%2022,%202006.pdf.

③ World Bank, "Libya Trade Balance, Exports and Imports: By Country and Region 2010," accessed April 21, 2023, https://wits.worldbank.org/CountryProfile/en/Country/LBY/Year/2010/TradeFlow/EXPIMP.

④ Manpreet Sohanpal, "Russia's Involvement in Libya and Its Consequences," March 17, 2017, accessed April 21, 2023, https://www.vifindia.org/print/3654.

⑤ Andrew Feinstein, "Where Is Gaddafi's Vast Arms Stockpile," *The Guardian*, October 26, 2011, accessed April 21, 2023, https://www.theguardian.com/world/2011/oct/26/gadaffis-arms-stockpile.

第四章　利比亚国家重建中的外部因素

2—9月的冲突中,俄罗斯的态度相对务实、灵活。一方面,俄罗斯反对任意使用武力对利比亚进行干预,批评西方和北约滥用和曲解联合国决议;另一方面,俄罗斯也不是"保卡",而是根据不断变化的情况与利比亚反对派接触,两面下注。2011年3月21日,俄罗斯总理普京表示:"利比亚政权没有任何一个方面符合民主国家的标准,这显而易见,但是,这并不意味着,我们因此就可以干涉别国的内部政治,甚至是那里的武装冲突,从外部保护某一方。"

2011年2月26日,联合国安理会通过了制裁利比亚的第1970号决议,俄罗斯投了赞成票,但是对3月17日联合国安理会通过的在利比亚设立禁飞区的第1973号决议则投了弃权票。①

实际上,俄罗斯对利比亚冲突的态度在其就第1973号(2011年)决议作出声明时表达得十分清楚。俄罗斯代表首先指出,"坚决不接受对利比亚平民百姓使用武力的立场依然没有改变。一切针对平民的袭击和其他违反国际人道主义法和侵犯人权的行为都必须立即、无条件停止……利比亚当局必须迅速和全面履行一致通过的

---

①　左凤荣:《俄罗斯在利比亚问题上是"大变脸"?》,《学习时报》2011年6月20日。

第 1970（2011）号决议所载的相关要求"，"我们一贯并且坚定主张保护平民百姓。在这一基本原则以及我们与提案国和其他安理会成员的共同人道主义价值观的指导下，俄罗斯没有阻止这项决议的通过"。随后又特别强调，"我们仍然坚信，确保有力保障平民安全与利比亚局势长期稳定的最迅捷办法是实现立即停火"。①

二、后卡扎菲时代俄罗斯对利比亚政策的调整

从 2011 年 8 月开始到 2021 年 12 月，俄罗斯对利比亚的政策大致可以分为两个时期：2011—2015 年的不介入时期和 2015—2021 年的积极介入时期。

（一）利比亚"过渡委"主导和两政府分立时期（2011 年 8 月至 2015 年 11 月）：消极表态

2011 年利比亚卡扎菲政权被推翻后，直到 2015 年下半年利比亚团结政府开始组建，俄罗斯在利比亚问题上表现出不介入的超然态度，基本上扮演了一个旁观者

---

① 联合国安理会：《联合国安全理事会第 6498 会议记录（S/PV.6498）》，2011 年 3 月 17 日，https://undocs.org/zh/S/PV.6498，访问日期：2023 年 4 月 21 日。

第四章 利比亚国家重建中的外部因素

的角色。

一方面,俄罗斯继续抨击西方国家擅自扩大联合国的授权,强调北约干预是利比亚国家崩溃的重要原因。

北约对利比亚进行空袭后,俄罗斯一直耿耿于怀,在多个场合批评北约对利比亚的空袭超出了决议的授权范围。2011年10月6日,俄罗斯外长拉夫罗夫表示,俄方不同意所谓北约国家干预利比亚局势拯救了无数利比亚人生命的说法。联合国有关利比亚的决议曾呼吁有关各方采取措施保护利比亚平民,但最后结果正好相反。①

2012年2月,候任总统普京在《莫斯科新闻报》发表了题为《俄罗斯与不断变化的世界》的文章,阐述其上任后的施政纲领。在这份纲领中,普京一针见血地指出,"外部势力的干涉,其对国内冲突中的一派给予支持的情况让局势的发展令人担忧,这种干涉本身就带有一种强权的性质。许多国家用人道主义的口号作掩护,借助空军打击利比亚当局。这种恶心的场景甚至超过了中世纪的血腥迫害,是对卡扎菲的某种原始而低级

---

① 周良:《俄驳斥北约干预利比亚拯救无数生命说法》,2011年10月6日,http://news.sina.com.cn/w/2011-10-06/210923262905.shtml,访问日期:2023年4月21日。

的镇压"。①

另一方面，俄罗斯无意介入利比亚事务，其在利比亚问题上的表态多是原则性的，强调联合国必须在战后利比亚重建中发挥主导作用。

利比亚问题联络小组是2011年3月29日在英国伦敦召开的利比亚问题国际会议上成立的协调机构。小组成立之初，俄罗斯没有受邀参加。2011年6月和8月，该联络小组曾经在阿布扎比和伊斯坦布尔举行第三和第四次会议，俄罗斯则明确表示拒绝参加。

2011年8月，俄罗斯外交部发言人亚历山大·卢卡舍维奇（Alexander Lukashevich）在记者会上明确表示，俄罗斯"认为利比亚战后发展工作必须在联合国安理会的引导下独立推进"。② 2012年11月，在利比亚首次选举成立临时政府后，俄罗斯外交部表示，"我们认为政府的组建是建设利比亚新国家道路上的重要步骤。利比亚新国家建立在民主原则基础上，符合公民的期望"，"希望利比亚领导层继续努力，确保国家内部政治局势稳定，

---

① 弗拉基米尔·普京：《俄罗斯与不断变化的世界》，2012年2月28日，http://www.russia.org.cn/cn/news/183-2/，访问日期：2020年12月5日。
② 王燕焜：《俄罗斯认为联合国必须在战后利比亚发挥主导作用》，2011年8月26日，路透中文网，https://www.reuters.com/article/idCNCHINA-4827520110826，访问日期：2020年12月5日。

为各阶层民众和宗教力量真正参与利比亚所发生的政治进程创造有利条件"。①

(二) 利比亚团结政府组建后 (2015 年 12 月至 2021 年 12 月)：积极介入

2014 年以来，利比亚的转型进入了失序的混乱时期，安全形势全面恶化，政治形势出现两极化，不久爆发了第二次内战。2015 年 12 月，在联合国的斡旋下，利比亚各派在摩洛哥签署《利比亚政治协议》，宣布组建利比亚团结政府。利比亚团结政府组建后，俄罗斯对利比亚的政策开始发生显著变化，从一个"冷静的旁观者"转变为"积极的调解者"。

2015—2021 年，俄罗斯主要通过三个层面介入利比亚事务。一是国家和地方层面，支持哈夫塔尔，把他当作一个可靠的盟友，同时与国际社会承认的利比亚政府发展关系；二是地区层面，通过其在北非的盟友来影响利比亚的局势；三是国际层面，与有关国家协调，参加国际会议，支持利比亚的和平进程。

---

① 《莫斯科欢迎利比亚组建临时政府》，2012 年 11 月 3 日，俄罗斯卫星通讯社，http://sputniknews.cn/russia_china_relations/2012110343609093/，访问日期：2023 年 4 月 21 日。

在后卡扎菲时代，哈夫塔尔的崛起是一个令人瞩目的事件。哈夫塔尔原是利比亚卡扎菲政权的重要官员，利比亚内战爆发后，他参与利比亚内战，成为利比亚"过渡委"高级将领。2014年以后，利比亚分成两大阵营，而哈夫塔尔领导的国民军及其支持者控制了利比亚的大部分地区。哈夫塔尔曾经在苏联学习，其所属军队使用的许多武器也来自苏联或者俄罗斯，加上其反对恐怖主义和反对极端伊斯兰势力在利比亚蔓延的立场，使俄罗斯相信可以把他当作一个可靠的盟友。

早在2015年10月，哈夫塔尔就表示，俄罗斯和"其他友好国家"答应与他合作组建一支国民军，以应对"利比亚面临的挑战和威胁"。2016年6月和11月，哈夫塔尔两次访问莫斯科，会见了包括俄罗斯国防部长谢尔盖·库茹盖托维奇·绍伊古和外交部长谢尔盖·拉夫罗夫等在内的俄罗斯高级官员，双方重点讨论了军事合作问题。[①] 2017—2020年，哈夫塔尔及其特别代表又多次访问俄罗斯。这显示了双方的紧密关系，也表示了俄罗斯对哈夫塔尔的政治支持。

除了给予哈夫塔尔必要的政治支持外，俄罗斯还在

[①] Karim Mezran, Arturo Varvelli, *Foreign Actors in Libya's Crisis* (Milano: Ledizioni, 2017), p. 80.

第四章 利比亚国家重建中的外部因素

经济和军事方面援助哈夫塔尔。2016年5月，利比亚东部中央银行接收了从俄罗斯官方铸币机构运抵的40亿利比亚第纳尔纸币。在俄罗斯的帮助下，哈夫塔尔缓解了日益严重的货币流通危机，维持了昔兰尼加地区的经济稳定。

2017年1月，哈夫塔尔参观了在地中海的俄罗斯航母，有报道指出哈夫塔尔与莫斯科签订了一份提供军事装备的合同。① 美国也指责"俄罗斯继续通过政府支持的瓦格纳雇佣军集团向利比亚叛军提供各种各样的武器，包括战斗机、防空导弹、地雷和装甲车"。② 2019年11月初，美国非洲司令部发言人首次确认，有200—1 400名"俄罗斯雇佣军"在利比亚西部战斗，他们大多来自普京密友叶夫根尼·普里戈任所创建的瓦格纳集团。③

在支持哈夫塔尔的同时，俄罗斯也支持国家社会承认的利比亚政府。莫斯科从一开始就支持由利比亚各派

---

① 冯雪：《外媒称利比亚强人登俄航母：要军援以推翻现政府》，新华网，2017年1月20日，http://www.xinhuanet.com//mil/2017-01/20/c_129455500.htm，访问日期：2023年4月21日。

② 《五角大楼：俄罗斯派遣军事装备支持利比亚的哈夫塔尔部队》，半岛电视台，2020年7月25日，https://chinese.aljazeera.net/news/2020/7/25/122909，访问日期：2023年4月21日。

③ 廖百智：《利比亚乱局趋于叙利亚化》，中国现代国际关系研究院网站，2020年4月29日，http://www.cicir.ac.cn/NEW/opinion.html?id=1e904c2f-9a0c-456c-abc3-7920cac5da1f，访问日期：2023年4月21日。

在摩洛哥签署的《利比亚政治协议》。2016年，利比亚团结政府组建后，俄罗斯主动加强了与其联系。

2016年12月，俄罗斯驻利比亚大使伊万·莫洛特科夫会见了利比亚团结政府的国防部长，讨论了双方的军事合作问题。2017年2月，总理法耶兹·萨拉杰表示，他希望俄罗斯在促进与哈夫塔尔的谈判中发挥桥梁作用。① 2017年3月，法耶兹·萨拉杰访问俄罗斯，这次会晤标志着俄罗斯与的黎波里政府之间的关系更近了一步。②

2021年，利比亚新民族团结政府组建后，俄罗斯也与其保持着良好的关系。2021年4月，利比亚总理德贝巴对莫斯科进行了访问，俄罗斯国防部长在与其会见时强调了要加强两国的军事关系。③

---

① Grzegorz Kuczyńsk, "Civil War in Libya Russian Goals and Policy," Special Report, The Warsaw Institute, April 30, 2019, accessed April 21, 2023, https://warsawinstitute.org/wp-content/uploads/2019/04/Civil-War-in-Libia-Russian-Goals-and-Policy-Special-Report-Warsaw-Institute.pdf.

② "GNA Prime Minister, Fayez Serraj Visits Russia," March 3, 2017, *Libya Business News*, accessed April 21, 2023, https://libya-businessnews.com/2017/03/03/gna-prime-minister-fayez-serraj-visits-russia/.

③ 《紧张的外交活动，利比亚总理访问莫斯科》，半岛电视台中文网，2021年4月15日，https://chinese.aljazeera.net/europe/2021/4/15/%e7%b4%a7%e5%bc%a0%e7%9a%84%e5%a4%96%e4%ba%a4%e6%b4%bb%e5%8a%a8%e5%88%a9%e6%af%94%e4%ba%9a%e6%80%bb%e7%90%86%e8%ae%bf%e9%97%ae%e8%8e%ab%e6%96%af%e7%a7%91，访问日期：2023年4月21日。

第四章　利比亚国家重建中的外部因素

对俄罗斯来说，莫斯科与哈夫塔尔之间的关系显然比其与萨拉杰政府之间的关系更强大、更稳定。但是，普京始终认为法耶兹·萨拉杰领导的利比亚团结政府是潜在的合作伙伴。①

除了与哈夫塔尔和利比亚团结政府保持良好关系，俄罗斯还与利比亚第三大城市米苏拉塔的武装团体建立了联系。该团体大部分支持利比亚国民军，也是利比亚一支重要的武装团体。俄罗斯与这些团体接触的最终目的是设法使他们与哈夫塔尔和睦相处。2017年1月，俄罗斯派代表与该团体的代表接触，该代表团于2017年4月访问了莫斯科，参加了一系列高级别会议。②

为了在利比亚更好地发挥协调者作用，俄罗斯成立了隶属外交部和国家杜马的利比亚问题联络小组。联络小组成立以来，莫斯科寻求在利比亚的两个主要对立阵营之间进行对话。2016—2017年，俄罗斯同时接待了来

---

① Karim Mezran, Arturo Varvelli, *Foreign Actors in Libya's Crisis* (Milano: Ledizioni, 2017), pp. 82–83.

② Ekaterina Stepanova, "Russia's Approach to the Conflict in Libya, the East-West Dimension and the Role of the OSCE," in Andrea Dessi and Ettore Greco (eds.), *The Search for Stability in Libya, OSCE's Role between Internal Obstacles and External Challenges* (Rome: Nuova Cultura, 2018), p. 101, accessed April 21, 2023, https://www.iai.it/en/node/9331.

自两大阵营的多名官员。① 俄罗斯向哈夫塔尔施加影响，在一定程度上促成了 2017 年 5 月 2 日哈夫塔尔和法耶兹·萨拉杰在阿布扎比的会面。2017 年 9 月，莫斯科同时接待了团结政府副总理艾哈迈德·马蒂格（Ahmed Maiteeq）和哈夫塔尔的发言人艾哈迈达·米斯马里。②

与利比亚的北非邻国发展关系，借助该地区外部力量影响利比亚是俄罗斯对利比亚政策的另一个途径。2011 年，西亚和北非发生动荡后，俄罗斯加强了与摩洛哥和阿尔及利亚的关系。2016 年 3 月，摩洛哥国王穆罕默德六世访问俄罗斯，双方宣布深化两国战略伙伴关系，在能源、旅游、高科技、农业、渔业和交通基础设施领域加强合作。③

阿尔及利亚在冷战期间是苏联最坚定的盟友之一。

---

① Ekaterina Stepanova, "Russia's Approach to the Conflict in Libya, the East-West Dimension and the Role of the OSCE," in Andrea Dessi and Ettore Greco (eds.), *The Search for Stability in Libya, OSCE's Role between Internal Obstacles and External Challenges* (Rome: Nuova Cultura, 2018), p. 101, accessed April 21, 2023, https://www.iai.it/en/node/9331.

② Hadi Fornaji, "Maetig Heads to Chechnya as Mismari Meets Bogdanov in Moscow," in Libya Herald, September 13, 2017, accessed April 21, 2023, https://www.libyaherald.com/?p=111125.

③ Schumacher, Tobias, and C. Nitoiu, "Russia's Foreign Policy towards North Africa in the Wake of the Arab Spring," *Mediterranean Politics* 20 no. 1 (2015): 97-104.

第四章 利比亚国家重建中的外部因素

2001年，俄罗斯与阿尔及利亚就建立了战略伙伴关系。2010—2011年，西亚和北非爆发所谓"阿拉伯之春"之后，俄罗斯试图重新激活两国的紧密关系。一方面，俄罗斯给予阿尔及利亚必要的国际支持，尤其是在西方国家对阿尔及利亚进行制裁的时候；另一方面，俄罗斯还帮助阿尔及利亚训练反恐部队，继续增加对阿尔及利亚的武器供应，加强与该国的能源合作。① 阿尔及利亚对俄罗斯政策的支持使莫斯科与阿尔及利亚可以就利比亚稳定进行对话。2019年1月，俄罗斯外长拉夫罗夫在马格里布国家访问期间，与阿尔及利亚官员讨论了利比亚问题。两国认为，应该在利比亚建立解决争端的框架，实现包容性和平。阿尔及利亚政府与利比亚部落民兵以及利比亚国民军领导人哈夫塔尔的联系使阿尔及利亚成为实现俄罗斯平衡利比亚所有主要政治派系的重要伙伴。②

---

① May Barth, "The Algeria-Russia Strategic Partnership: An Assertive Geopolitical Move?" *Brussels International Center—Analysis, North Africa Brussels*, March 22, 2019, accessed April 21, 2023, https://www.bic-rhr.com/sites/default/files/inline-files/Algeria-Russia%20strategic%20partnership%20-%20Analysis%2C%20North%20Africa%20-%20official.pdf.

② Samuel Ramani, "Russia's Cautious Calculus in Algeria," Carnegie Endowment for International Peace, March 22, 2019, accessed April 21, 2023, https://carnegieendowment.org/sada/78667.

除了摩洛哥和阿尔及利亚,埃及也是影响利比亚的重要国家。长期以来,埃及是美国在中东和北非的重要盟友,但是在2014年塞西就任埃及总统后,两国关系出现间隙而俄罗斯则加强了与埃及的关系。2014年,塞西以国防部长的身份首次出访莫斯科,随后又多次以总统身份到访俄罗斯,双方建立了定期的沟通机制。2018年,俄埃两国还签署全面合作与战略伙伴关系协定。在美国宣布暂停向埃及提供军事援助后,俄罗斯向埃及提供了大量的武器,仅仅在2014年2月俄罗斯与埃及外长和防长"2+2"会晤期间,双方就草签了价值超过30亿美元的武器合同。① 2016年10月,俄罗斯和埃及在埃及沙漠地区进行了反恐演习。2015年,埃及订购的46架卡莫夫K-52K舰载武装直升机也陆续交付使用。鉴于埃及和哈夫塔尔之间的紧密关系,与埃及保持良好的政治和军事关系是俄罗斯参与利比亚重建的重要步骤。

在国际层面,俄罗斯继续支持联合国在利比亚重建中的主导作用,积极参与解决利比亚问题的国际会议。

俄罗斯作为联合国安理会的常任理事国,在安理会

---

① 高辰:《俄媒:俄与埃及草签价值超30亿美元武器合同》,中国新闻网,2014年2月14日,http://www.chinanews.com/mil/2014/02-14/5839936.shtml,访问日期:2023年4月21日。

第四章 利比亚国家重建中的外部因素

讨论利比亚问题的时候，一直发挥着重要的作用。俄罗斯在利比亚谈判中主张包容性政治解决方案。2015年，在俄罗斯的坚持下，联合国安理会第2259号决议加入了"认识到《利比亚政治协议》继续包容各方的重要性"的措辞。① 俄罗斯常驻联合国副代表萨夫龙科夫在投票后的发言中指出，"我们感谢我们的伙伴考虑到对于确保利比亚政治进程广泛代表性的关切"。俄罗斯代表积极参与国际努力，以协助利比亚人内部的政治进程。②

为了显示对哈夫塔尔的支持，俄罗斯在2019年4月明确反对英国起草的旨在谴责由哈夫塔尔领导的利比亚东部武装"国民军"对利比亚首都的黎波里发动进攻的提案。③ 由于对决议的条文持不同意见，2020年2月12日，俄罗斯在联合国安理会第2510号决议中投了弃

---

① 联合国安理会：《联合国安理会第2259（2015）号决议（S/RES/2259）》，联合国网站，2015年12月23日，https://undocs.org/zh/S/RES/2259 (2015)，访问日期：2023年4月21日。
② 联合国安理会：《联合国安全理事会第7598号会议记录（S/PV.7598）》，联合国网站，2015年12月23日，https://undocs.org/zh/S/PV.7598，访问日期：2023年4月21日。
③ 方宸：《动荡的利比亚，出路何在？》，新华网，2019年7月17日，http://www.xinhuanet.com/mil/2019-07/17/c_1210199434.htm，访问日期：2023年4月21日。

权票。①

自 2015 年以来，俄罗斯参加了多个有关利比亚问题的会议，并在其中发挥着独特的作用。2020 年 1 月 19 日，利比亚问题国际会议在柏林举行，12 个国家以及联合国等 4 个国际组织的领导人参会，俄罗斯总统普京首次参加了这次会议。会议召开前，俄罗斯曾积极开展斡旋行动，与土耳其共同呼吁利比亚冲突双方停火，在 2020 年 1 月 13 日安排双方代表莫斯科举行间接对话。柏林峰会确立了利比亚问题政治解决的大方向，迈出解决利比亚问题的积极一步。② 尽管有关利比亚的国际会议中，法国、意大利和阿拉伯联合酋长国等国依然是主要协调者，但是这次会议前和会议期间俄罗斯的调停努力再次显示了其在利比亚问题上的影响力。2020 年 10 月 23 日，在联合国的斡旋下，利比亚冲突双方签署停火协议，就在利比亚全境实现"完全和永久"的停火达成共识。俄罗斯外长拉夫罗夫 10 月 27 日同土耳其外长恰武什奥卢通电话时表示，愿推动利比亚主要政治力量和

---

① 联合国安理会：《联合国安全理事会第 9722 号会议记录（S/PV.8722）》，联合国网站，2020 年 2 月 12 日，https://undocs.org/zh/S/PV.8722，访问日期：2023 年 4 月 21 日。

② 田园：《利比亚问题柏林峰会：和平还有多远》，《光明日报》2020 年 1 月 22 日。

团体参与该国内部全面对话。2021年11月12日，利比亚问题国际会议在法国首都巴黎举行，与会各方支持利比亚推进政治进程，寻求持久解决利比亚危机的方案，并要求外国军队和雇佣军从利比亚撤出。俄罗斯外长拉夫罗夫会议结束后对记者说："关于外国军事集团的撤出，今天作出的决定，重申了今年7月柏林会议成果文件所达成的共识……撤军必须是全面的，同时应分阶段实施，并且支持利比亚西部和东部的力量应同步行动。"[1]

三、俄罗斯对利比亚政策调整的动因与评估

作为长期对利比亚有重要影响力的国家，俄罗斯一直是利比亚博弈场上不可忽略的角色。那么，为什么俄罗斯在2015年后选择高调介入呢？

首先，后卡扎菲时代利比亚国内形势变化是俄罗斯调整其对利政策的重要前提。2011年，卡扎菲政权被推翻后，利比亚的政治重建相对顺利，但安全重建进展缓

---

[1] 《俄外长：利比亚问题会议重申外国军队分阶段撤出的共识》，俄罗斯卫星通讯社，巴黎，2021年11月13日，https://sputniknews.cn/20211113/1034797841.html，访问日期：2023年4月21日。

慢，整体安全形势没有根本好转，并在一定时间内呈现不断恶化的趋势，陷入进退两难的困境。2014年以后，利比亚国内爆发新一轮冲突，并逐渐形成了两大对立的阵营。为了各自的利益，两大阵营之间发生了激烈的冲突，并且从未真正完全停止过。"伊斯兰国"也抓住这种乱局，不断地在利比亚壮大自己的势力，成为该国崛起的第三极力量。利比亚的这种失序局面一方面产生了外溢效应，威胁周边和地区安全；另一方面引来了外部力量的介入。

其次，俄罗斯借出兵叙利亚为契机，有选择地"重返"中东，希望恢复在利比亚的影响力，实现其安全、经济和战略利益。冷战结束后，俄罗斯一度淡出中东。但是，2015年俄罗斯出兵叙利亚，改变了叙利亚的局势。俄罗斯以叙利亚为支点，开始调整与中东大国的关系。

从战略角度来看，在包括利比亚在内的中东和北非地区保持存在是"巩固俄罗斯联邦作为当今世界上最具影响力的中心之一"的重要途径，利比亚作为域外大国博弈的又一战场在俄罗斯中东外交的地位迅速上

第四章　利比亚国家重建中的外部因素

升。① 从地缘经济利益方面来说，俄罗斯希望在联合国解除对利比亚的武器禁运后，与利比亚签订新的武器合同。俄罗斯还希望获得包括交通和能源基础设施在内的利比亚重建合同。利比亚拥有第十大石油储量，利比亚国家石油公司希望将产量提高五倍，与利比亚就能源进行合作特别有利可图。② 另外，保持利比亚局势的稳定，防止利比亚内部冲突外溢和恐怖主义向俄罗斯及独联体集体安全条约组织、独联体国家蔓延也是俄罗斯的重要安全关切。③

最后，欧洲国家在利比亚问题上的分歧以及美国对利比亚的无视是俄罗斯高调介入的重要原因。在"倒卡"的利比亚内战中，美国和欧洲国家发挥了重要作用。然而，在后卡扎菲时代（尤其是在2012年美国驻利

---

① 《2016年俄罗斯联邦对外政策构想》，俄罗斯外交部中文网站，2016年11月30日，http://cn.mid.ru/foreign_policy/founding_document/302，访问日期：2020年8月27日。
② Dyner, Anna M., "Russia's Libya Policy," *PISM Bulletin*, no. 6 (2019), accessed August 21, 2023, https://www.pism.pl/upload/images/artykuly/legacy/files/25305.pdf.
③ 孙德刚、王亚庆：《美国战略收缩背景下俄罗斯中东政策评估》，《当代世界》2019年第9期，第37—43页；朱长生：《俄罗斯中东战略的新动向及其影响》，《当代世界》2020年第3期，第26—30页；Becca Wasser, "The Limits of Russian Strategy in the Middle East," RAND, November 2019, accessed August 21, 2023, https://www.rand.org/content/dam/rand/pubs/perspectives/PE300/PE340/RAND_PE340.pdf。

比亚大使在班加西遇袭身亡后），美国无意再度干预利比亚事务，除了出动军事力量打击在利比亚的"伊斯兰国"势力外，无论是奥巴马政府还是特朗普政府，一直强调政治解决方案的重要性，反对所有外国干涉，主张各方停火。①

与此同时，将利比亚视为其势力范围的欧洲大国（尤其是法国和意大利）在后冲突时代出现了利益分歧。出于地缘因素和经济利益考虑，意大利政府要防止移民涌入意大利，维持利比亚的天然气供应，并确保意大利公司在利比亚的商业利益；而法国的关注点在于反恐，也关心道达尔能源公司在利比亚石油和天然气部门的利益。法国和意大利的分歧不仅让两国无法协调在利比亚问题上的立场，还使双方在利比亚内部派别上各自支持一方——意大利支持利比亚民族团结政府，而法国则支持利比亚退役将军哈夫塔尔。欧盟内部的这些分歧为俄罗斯成为利比亚主要参与者创造了空间。②

对于俄罗斯对利比亚的政策以及在后卡扎菲时代所

---

① Christopher M. Blanchard, "Libya: Conflict, Transition, and U. S. Policy," Congressional Research Service report for Congress, June 26, 2020, accessed April 21, 2023, https://crsreports.congress.gov/product/pdf/RL/RL33142/123.

② Lisa Watanabe, "Russia's Renaissance in the Arab World," April 12, 2019, accessed April 21, 2023, https://css.ethz.ch/content/dam/ethz/special-interest/gess/cis/center-for-securities-studies/pdfs/ST2019-LW.pdf.

第四章 利比亚国家重建中的外部因素

扮演的角色，必须从两个方面作出全面的评估。

一方面，自2015年"重返"利比亚以来，俄罗斯在很大程度上实现了其预定目标，成为影响利比亚和平进程的利益攸关者之一。

首先，俄罗斯已经成为利比亚事务的重要调停者之一。从2016年俄罗斯与哈夫塔尔加强合作到2020年在莫斯科直接调停利比亚冲突，经过几年的努力，俄罗斯已经成为利比亚事务的重要调停者之一。

俄罗斯不仅与利比亚冲突各派都保持着密切的关系，同时通过利比亚的邻国保持对利比亚冲突的影响，而且在利比亚问题国际协调会议中也发挥着独特的作用，并得到了相当多的欧洲国家的认可。在2020年土耳其决定出兵援助利比亚民族团结政府以后，俄罗斯和土耳其在利比亚事务上的发言权进一步上升，人们也在讨论在利比亚开启阿斯塔纳模式的可能性。①

其次，俄罗斯着眼于后冲突时代的利比亚重建，为恢复和加强与未来合作打下了坚实的基础。武器交易、能源和其他方面的经济合作是俄罗斯在利比亚的重要关

---

① Selin Caglayan, "A New Astana Model For Libya," InsideOver, December 28, 2019, accessed April 21, 2020, https://www.insideover.com/politics/a-new-astana-model-for-libya.html.

切点。尽管联合国目前没有解除对利比亚的武器禁运，但是利比亚冲突双方都已经多次表达了向俄罗斯购买武器的意愿，俄罗斯更希望在冲突结束后不仅恢复与卡扎菲政权签订的合同，还要在利比亚重建中分一杯羹。2019年10月，利比亚团结政府总理萨拉杰率领代表团出席索契举办的俄罗斯—非洲峰会时，双方签订了利比亚将从俄罗斯购买百万吨小麦的合同。这也是莫斯科和的黎波里此后加强经贸合作的重要信号。①

最后，俄罗斯以利比亚问题为杠杆，一度缓和了因为乌克兰问题和克里米亚危机与欧洲的紧张关系。2014年以来，欧洲与俄罗斯关系一直紧张，而2020年德国总理默克尔访问莫斯科是德俄、欧俄关系改善的重要信号。默克尔与普京的会谈气氛亲切友好，两国领导人强调共同立场，成果很丰富。默克尔访俄的一个重要问题就是利比亚问题。欧洲媒体认为，莫斯科支持德国出面举办关于利比亚问题的国际会议，是一个重要标志。通过利比亚问题支持德国，使俄罗斯成为利比亚冲突调解的主

---

① "Libya, Russia to Sign Document on Supply of Russian Wheat-Contact Group Head," Sputnik International, October 23, 2019, accessed April 21, 2023, https://sputniknews.com/business/201910231077130964-libya-russia-to-sign-document-on-supply-of-russian-wheat---contact-group-head/.

第四章　利比亚国家重建中的外部因素

要参与者之一。① 不过,在 2022 年乌克兰危机爆发后,这一短暂的缓和趋势不复存在。

另一方面,在肯定俄罗斯在利比亚发挥着重要作用的同时,我们也要看到俄罗斯在利比亚角色的局限性。

首先,俄罗斯自身的综合国力有限,这就决定了其在利比亚的介入程度有限。早在 20 世纪 90 年代,俄罗斯外交部原副部长维克托·波苏瓦柳克(Viktor Posuvalyuk)在接受媒体采访时曾指出:"在中东发生的事情影响着我们,但我们的力量相对比较弱,财力有限。我们不能再给我们的盟友无限的承诺。我们不能要求俄罗斯人民提供无限数量的武器。"②

近年来,在普京和梅德韦杰夫的领导下,俄罗斯的综合国力比 20 世纪 90 年代有所恢复,但是在相当长的时期内,无法与当年的苏联相比。③ 由于利比亚问题并不涉及俄罗斯的核心利益,俄罗斯无须也不可能像在叙利亚那样出兵直接干预利比亚,而更多地通过与冲突各

---

① 金锋:《美国冷漠或令欧俄关系转暖》,环球网,2020 年 1 月 15 日,https://opinion.huanqiu.com/article/9CaKrnKoT6A,访问日期:2023 年 4 月 21 日。

② Alain Gresh, "Russia's Return to the Middle East," *Journal of Palestine Studies* 28, no. 1 (Autumn 1998): 67–77.

③ 赵鸣文:《俄罗斯的综合国力及国际地位》,《俄罗斯研究》2019 年第 3 期。

方保持联系以及定期派海军在地中海"露面"来影响利比亚国内走向。2022年乌克兰危机爆发后,俄罗斯与美西方关系全面恶化,俄短期内不大可能投入更多精力来关注利比亚问题。

其次,利比亚问题根深蒂固,内部关系复杂,外部干涉升级,在短期内难以解决,俄罗斯的调停和斡旋效果还需要进一步观察。利比亚外部势力从自身利益出发,有选择地参与利比亚战后重建和冲突斡旋。这种外部干预加剧了利比亚的动荡和灾难,其外溢效应也殃及干预国自身。[1] 这种内外交困的局面致使利比亚的问题解决不可能一蹴而就。利比亚的和解前景仍需观察,而俄罗斯的调停和斡旋效果也有待检验。

---

[1] 王金岩:《利比亚战后乱局中的外部干预》,《现代国际关系》2020年第3期。

第五章
利比亚国家重建的特点与前景

利比亚的重建进程已经超过10年，与历史上其他国家的重建相比，利比亚的国家重建呈现自己独特的"风格"。利比亚未来重建的前景取决于其国内因素与外部因素相互博弈的结果，充满了不确定性。

第一节 利比亚国家重建的特点

冲突后的国家重建是一个漫长的过程，这一过程至少需要10多年甚至更长的时间。回顾利比亚从2011—2021年的国家重建进程，我们不难发现其自身的特点。

首先，利比亚冲突后国家重建的历史背景十分复杂。利比亚是一个"人造国家"，人口主体虽然为阿拉伯人，但族群构成复杂，国内为强人长期铁腕统治，经济发展高度依赖石油和天然气，并外溢到政治领域。

今天的利比亚在历史上曾经是古罗马、阿拉伯帝国和奥斯曼帝国的统治地区，在19世纪时部分地区又沦为资本主义和西方列强的殖民地。直到1929年后，昔兰尼加、的黎波里塔尼亚和费赞地区处于意大利殖民统治时，"利比亚"一词才开始正式使用。1951年，三个地区宣布成立利比亚联合王国。利比亚的这种国家起源形式致使国民的民族认同较弱，对冲突后的国家重建不利。

在人口和族群构成上，利比亚人口约为710万（2022年），[①] 其中90%以上是阿拉伯人，即操阿拉伯语兼有阿拉伯人和柏柏尔人血统的穆斯林。其余为柏柏尔原住民和分布在费赞沙漠里与南部非洲交界的土著人种。伊斯兰教是利比亚的国教，利比亚国民的98.6%信奉伊斯兰教，其中绝大部分是逊尼派信徒，但是他们在利比亚形成了多个教派，包括主要活动在山区和沙漠中的哈瓦利吉派和以班加西为中心、活动于利比亚东部地区的

---

① 《利比亚国家概况》，中华人民共和国外交部网站，2023年1月，https://www.mfa.gov.cn/web/gjhdq_676201/gj_676203/fz_677316/1206_678018/1206x0_678020/，访问日期：2023年4月21日。

第五章 利比亚国家重建的特点与前景

苏菲派。① 这是利比亚部落矛盾冲突的诱因之一，也增加了重建的难度。

卡扎菲自从1969年上台成为国家领导人到2011年被推翻共执政42年。卡扎菲曾提倡民众革命，强调还政于民，但是在实践中，利比亚的权力一直掌握在卡扎菲手中，革命后成立的委员会领导人也从卡扎菲的信任部族产生，在权力和利益分配等关键问题上仍难逃脱家族政治的影响。卡扎菲通过不断变更国家组织管理机制，将正式的政权组织系统彻底打乱，先后建立起来的人民委员会、人民大会和革命委员会，互相交叉重叠，责权不清。

利比亚石油资源丰富，石油为经济发展提供了良好的基础，但是如果不能合理利用或处理不好，可能加剧社会和政治紧张局势。利比亚所创造的石油财富并没有惠及全体利比亚人民，大部分没有投入实体经济建设中。

其次，利比亚国家重建的现实基础与历史上其他国家（如伊拉克和阿富汗）相比有相似之处，但更多的是不同。

在重建的进程中，外部介入方与目标国之间的关系

---

① 王金岩：《利比亚乱局中的部落因素》，《亚非纵横》2011年第4期，第9页。

分为"共同合作"和"解构"两类。"共同合作"是指通过介入方的努力，来与该地区的掌权者进行合作，并且不加偏见地与该地区所有社会力量及权力中心进行协作，一般来说，联合国参与或主导的维持和平行动多属于这一类。例如，20 世纪 80 年代联合国在纳米比亚、柬埔寨、萨尔瓦多、莫桑比克等国家进行的维持和平或者建设和平的行动。而"解构"指介入方首先解散国家机器，随之兴建一个新的将其取代。例如，2003 年 3 月，美国在未得到联合国安理会授权情况下对伊拉克发动战争，于 4 月攻占巴格达，推翻萨达姆政权，从此开始长达数年对伊拉克的军事占领。直到 2009 年才从伊拉克撤出大部分作战部队。① 从 2003 年到 2009 年，美国在伊拉克的战后重建中始终扮演着重要角色，这一时期的伊拉克的国家重建属于典型的"解构型"重建。

而在 2011 年的利比亚战争中，北约和美国通过扶持利比亚反对派，并滥用和曲解联合国安理会第 1973 号决议对卡扎菲政权进行空中打击，最终颠覆了卡扎菲政权。在后卡扎菲时代，主要大国和地区组织也无意愿深度介

---

① 《伊拉克国家概况》，中华人民共和国外交部网站，2023 年 2 月，https://www.mfa.gov.cn/web/gjhdq_676201/gj_676203/yz_676205/1206_677148/1206x0_67 7150/，访问日期：2023 年 4 月 21 日。

第五章 利比亚国家重建的特点与前景

入利比亚，利比亚"过渡委"出于国家主权和国内民族主义的考量也拒绝了国际社会在利比亚部署维和军事力量的提议，联合国建立的联合国利比亚支助特派团更多是以技术支持和咨询等形式出现，利比亚的冲突后重建在形式上主要是依靠本国的主要力量。

再次，后卡扎菲时代的利比亚在重建进程中逐渐形成了一种碎片化和统一化并存的奇特格局。在政治上，利比亚多次建立了名义上的国际社会承认的中央政府，但是实际上却是两个议会、两个政府、多种力量并立的局面。[①] 在安全方面，利比亚有名义上的国防部和内政部，但是中央政府始终没有建立统一的军队和警察部门，不得不与各种民兵组织和地方武装"分享"本属于中央政府独享的合法的垄断暴力机构的权力。在经济方面，利比亚经济最重要的国家石油公司和利比亚中央银行保持了相对的统一和独立，但又不可避免受到政治和安全碎片化的影响。

---

① 2014年后，利比亚形成了两个议会、两个政府并存的僵局。2015年12月，利比亚各派签署《利比亚政治协议》，建立了以法伊兹·穆斯塔法·萨拉吉为总理的民族团结政府，但是哈夫塔尔领导的东部力量不承认团结政府。2021年2月，利政治对话论坛选举阿卜杜勒哈米德·德贝巴为过渡政府总理，成立了新一届过渡政府——民族统一政府。但是到了2022年2月，利东部国民代表大会推选前内政部长巴沙加为总理组建新过渡政府时，德贝巴拒绝交权，利再次出现"两个政府"并立的局面。

在利比亚的冲突后重建中，政治重建、安全重建和经济重建相对独立，同时又密切相关，重建初期，利比亚政治重建相对比较顺利，经济重建起伏不定，而安全重建则一直没有起色。2014年5月以后，政治重建受阻，经济重建受困，安全重建受挫，政治、经济和安全重建相互影响。2020年10月以后，利比亚基本上实现了停火，安全困境有所缓解，经济形势也趋向好转，但是政治重建在呈现一篇大好形势的情况下却急转直下，没有实现预期的新一轮议会选举和总统选举。

最后，利比亚重建的地区环境异常复杂，利比亚的重建进程对周边国家和地区局势影响很大，同时也是多个地区国家和域外大国的博弈场。

西亚、北非发生动荡后，在利比亚的6个邻国中，埃及和突尼斯与利比亚一样经历了动荡，本身正在经历转型，其上台的反对派基本上支持利比亚的政治重建。阿尔及利亚和卡扎菲统治下的利比亚保持着良好的关系，在利比亚反对派掌握了权力后，由于卡扎菲可能逃亡阿尔及利亚的传言，两国关系一度紧张。但是，阿尔及利亚很快调整了政策，致力于和新政府保持良好关系，希望利比亚尽快实现安全与稳定。历史上利比亚和苏丹的外交关系经历了一些起伏，不过两国还是签署了一些贸

第五章 利比亚国家重建的特点与前景

易、开发以及经济合作协议。2012 年 1 月，苏丹总统巴希尔对利比亚进行了为期两天的国事访问，寻求加强两国军事和安全领域的合作，发展有别于卡扎菲时代的新型双边关系。尼日尔在历史上与卡扎菲关系密切，卡扎菲曾经对尼日尔提供过捐款和军援，但是，利比亚反对派声称有来自尼日尔的雇佣军卷入了利比亚内战，这使利比亚新的领导层很不信任尼日尔政权。2012 年 3 月，利比亚前政府高级官员贝希尔出任尼日尔总统顾问，获得外交护照，这无疑加剧了两国的紧张关系。乍得作为利比亚的南部邻国，在 1980 年与利比亚发生过战争。1994 年 2 月，国际法院将乍利争议领土奥祖地带裁决归乍后，乍利关系改善并不断发展。双方签署了《乍利睦邻、友好与合作条约》及多项合作协定。2011 年利比亚危机爆发后，乍得曾经一度不承认利比亚"过渡委"。卡扎菲政权倒台后，乍得于 8 月 23 日宣布承认利比亚"过渡委"。9 月，代比总统出席了在法国召开的"利比亚之友"国际会议。但是，两国不大可能恢复到革命前的状态。① 在利比亚重建初期，西方大国以多种方式对利比亚重建进程施加影响。它们扶植亲西方的过渡政权，

---

① 江涛：《利比亚和伊拉克政治重建比较分析》，《亚非纵横》2013 年第 4 期。

在利比亚建立西式民主制度，通过参与经济重建以分享利益，希望将利比亚打造为"听话"的附庸。2014 年，利比亚政权分裂后，一些西方大国和地区国家分别支持不同阵营，致使对立双方间的矛盾更加复杂难解。支持西部政府的国家主要有意大利、土耳其和卡塔尔；支持东部力量的国家主要有法国、埃及和阿拉伯联合酋长国。这些国家的支持方式各异：有的向所支持派别提供资金和武器；有的直接派遣武装人员参战。它们的目的也不尽相同：有的为实现本国在利比亚的经济利益，有的为维护边界安全，还有的为服务于本国在地区的博弈。①

第二节 利比亚国家重建的主要影响因素与前景

在利比亚国家转型的过程中，有多种力量从不同的方面影响着其发展进程，利比亚依然在苦苦地寻求自己未来的国家模式。

---

① 王金岩：《利比亚战争十年反思 从"夹生"的民主到难解的乱局》，光明网，2021 年 2 月 19 日，https://news.gmw.cn/2021-02/19/content_34624409.htm，访问日期：2023 年 4 月 21 日。

第五章　利比亚国家重建的特点与前景

一、"西方民主建制"力量

自由主义是西方社会尤其是欧美发达国家影响最大的思潮之一。利比亚反对派——利比亚"过渡委"具有浓厚的自由主义色彩，在推翻卡扎菲政权后，也试图建立一个西式的"民主"国家。2012年，利比亚进行了历史上的第一次全国大选，利比亚政治重建似乎出现了曙光。但是，无论是利比亚"过渡委"还是此后成立的历届政府都没有重视利比亚转型中最关键的、最重要的安全重建问题，无力提供最基本的安全保证。2014年，利比亚内部再度爆发冲突，利比亚出现两个议会、两个政府分立的局面。2015年，利比亚达成了组建团结政府的协议，但是此后，利比亚国家机构碎片化的局面没有根本改观。2021年，利比亚真正组建了得到各方认同的新民族团结政府，但是该政府依然无法组织新的选举，也无法完全履行中央政府的重任。这一进程表明，按照利比亚"过渡委"的思路，盲目照搬西方的民主制度在利比亚显然行不通。不过，利比亚的"自由主义"派别在利比亚仍然有一定的影响力。

二、主张在利比亚建立"联邦制"国家的联邦主义力量

利比亚的联邦主义(或者说是地区主义)力量主要来自东部的班加西。2012年3月,东部的一些联邦主义者发起了抵制过渡委员会的运动,宣布利比亚东部的拜尔盖地区(旧称"昔兰尼加")实行联邦自治。

利比亚主张在利比亚建立"联邦制"国家的力量并不是新的东西。二战后,利比亚本来就是一个由的黎波里塔尼亚(西部)、昔兰尼加(东部)和费赞(南部)三个地区拼凑起来的国家。考虑到当时三个不同地区的差异,1951年,利比亚独立后成立联邦制联合王国,伊德里斯一世成为国王,而上述三个地区拥有自治权。然而,在联邦制的利比亚,效率低下,经济不景气。20世纪50年代末60年代初,利比亚发现了丰富的石油资源。随着利比亚石油成为支柱产业和政府经济的主要来源,联邦制已经无法满足经济发展的需要。

1969年9月,以卡扎菲为首的"自由军官组织"发动政变,推翻了伊德里斯王朝,成立阿拉伯利比亚共和国。此后,卡扎菲不断强化中央集权,刻意对东部进行

第五章 利比亚国家重建的特点与前景

打压，于是整个东部几乎都成了反对派，政府与东部地区一直存在矛盾。卡扎菲政权被推翻后，原本在班加西的"过渡委"迁移到首都的黎波里。东部主张在利比亚建立"联邦制"国家的力量害怕"过渡委"会重用卡扎菲政权的旧部，致使国家回到原状。随着"过渡委"工作的开展，这些联邦主义者开始对其失去信心，曾经号召抵制2012年的大选，但并没有成功。

不过，主张在利比亚建立"联邦制"国家的力量还是成功影响了利比亚的过渡进程。在利比亚，西部人口占三分之二，他们一直希望按照人口来分配选举代表，而东部则要求按照区域平均分配席位。当时，"过渡委"没有满足东部要求，而是按照西部102席位、东部60席位以及南部38席位来安排第一次议会选举，但最终还是屈从于东部的压力，同意利比亚制宪委员会按照平均每区20席位的等额来组成。

面对利比亚目前的僵局，有学者也提出按照联邦制来解决利比亚的危机，但是联邦制是否适合利比亚还需要时间的检验。

三、利比亚具有宗教背景的伊斯兰力量

利比亚具有浓厚宗教背景的伊斯兰力量主要有三组：相对温和与低调的利比亚穆斯林兄弟会、具有军事色彩的利比亚伊斯兰战斗组织和极端的利比亚"伊斯兰国"。

利比亚穆斯林兄弟会是利比亚历史最悠久、规模最大的伊斯兰主义团体，与埃及的穆斯林兄弟会有着千丝万缕的联系。在卡扎菲统治时代，利比亚穆斯林兄弟会多次受到打压，虽然在20世纪末21世纪初，双方有短暂的对话与妥协。在利比亚内战爆发的时候，利比亚穆斯林兄弟会基本上处于碎片化的状态。

利比亚伊斯兰战斗组织是利比亚第二大伊斯兰主义团体，主要由一些在阿富汗与苏联战斗过的利比亚人组成，其目的就是与卡扎菲政权进行战斗，推翻其统治。该组织反对西方的民主制度，20世纪90年代在与卡扎菲的冲突中损失惨重。2011年初，该组织的骨干也零散地分布在欧洲和中东地区。

利比亚反对派夺取政权后，穆斯林兄弟会经过自我评估，决定正式涉足利比亚政坛。与埃及等国不同，它没有组织自己的政党，而是选择加入其他志同道合的组

第五章　利比亚国家重建的特点与前景

织和团体。在2012年的大选中，穆斯林兄弟会多以个人身份或者通过其依附的公正与建设党来参与选举。在卡扎菲政权被推翻后，利比亚伊斯兰战斗组织似乎失去了存在的意义，该组织更名为伊斯兰改革运动，[①] 参与利比亚新的政治过渡进程。整体来看，在利比亚革命前后，传统的具有浓厚宗教背景的各种伊斯兰势力并没有形成统一的力量，在政治选举中也没有取得多数控制权，不过，这并不意味着它们是一支无足轻重的力量。恰恰相反，它们正以新的方式影响利比亚的政治进程。2014年以后，利比亚两大对立集团中的利比亚国民议会及其支持者就有着浓厚的宗教色彩。

与此同时，利比亚"伊斯兰国"也开始崛起。由于国家处于无统一政府的失序状态，利比亚许多地方出现安全真空，"伊斯兰国"的大量成员在2014年前后进入利比亚。此后，"伊斯兰国"势力在利比亚不断扩张，在利比亚攻占多地，包括卡扎菲的故乡苏尔特。2016年12月，支持民族团结政府的武装组织将"伊斯兰国"逐出苏尔特。"伊斯兰国"在利比亚丢失苏尔特、德尔纳等城镇后，实力大幅减弱，武装成员分散在南部地区和

[①] Peter Cole and Brian McQuinn (eds.), *The Libyan Revolution and Its Aftermath* (New York: Oxford University Press, 2015), p. 198.

某些沿海社区，基本上处于蛰伏状态。但是，在可预见的未来，不能排除该组织再次发动恐怖行动并影响利比亚局势的可能性。

四、利比亚形形色色的部落

长期以来，部落是利比亚社会的主要构成元素。在利比亚有大小部落 2 000 多个（中等规模的有 140 个，规模较大的约有 50 个），它们在利比亚国家的社会经济与政治生活中起着重要作用。其中最具影响力的有三个部落，即瓦法拉、图阿雷格和卡达法。① 历史上利比亚的族群结构就特别复杂，在西方国家的殖民统治时期，部族问题就十分突出，殖民当局对来自部落的反抗进行了严厉的镇压，但也通过团结部分部落酋长来保持力量均衡，维持其统治。利比亚独立后，卡扎菲通过军事政变上台后，为了巩固其统治，一方面，致力于部落整合，重新划定地方边界，规定新的地方政府必须包含不同的部落，只负责管理地方和执行中央政府的政策；另一方面，也利用部落忠诚度来巩固权力。卡扎菲属于苏尔特

---

① 蒲瑶：《利比亚内乱的部落文化解读》，《世界民族》2013 年第 1 期，第 23 页。

第五章　利比亚国家重建的特点与前景

地区的卡达法部落，该部落一直效忠于他，并在安全方面扮演重要的角色。但是该部落并不大，于是卡扎菲通过各种部落联邦来获得军事支持。客观地讲，卡扎菲政权并没有从根本上解决利比亚民族国家构建中的部落问题。

卡扎菲政权被推翻后，利比亚部落之间的冲突依然在持续。2014年1月，利比亚南部塞卜哈镇支持前政权的卡达法部落和支持现政权的苏莱曼部落之间爆发激烈冲突，造成30多人死亡。① 在利比亚南部的费赞地区，冲突尤其严重，冲突双方主要是图阿雷格部落和图布部落。2014年8月以来，利比亚宗教势力和世俗势力分别拥有各自控制的议会和政府，利比亚各派武装纷纷选边站队并不时爆发冲突。图阿雷格部落支持由宗教势力主导的利比亚国民大会和具有宗教背景的伊斯兰力量支持的自行宣布成立的"救国政府"，图布部落则支持由世俗势力主导的利比亚国民代表大会和利比亚临时政府。②

由于家族和部落不仅是一个社会现象，还是文化现

---

① 王金岩：《利比亚战后乱局中的部落因素》，《阿拉伯世界研究》2016年第4期，第115页。
② 《利比亚南部部落冲突致17人死亡》，新华网，2015年5月21日，http://www.xinhuanet.com/world/2015-05/21/c_1115353749.htm，访问日期：2023年9月21日。

象和心理结构，因此它们在相当长的时间内仍将是不可替代的社会力量。

五、外部干涉力量

在利比亚冲突后 10 多年间，这个国家显然比卡扎菲政权倒台之前更为糟糕。如前所述，各种外部力量出于各种目的和自身的利益以不同的方式介入利比亚的重建。面对利比亚的状况，也有利比亚的一些邻国（如埃及）和一些西方国家（如英国、意大利）曾经呼吁对利比亚再度进行军事干涉，试图依靠外力来解决利比亚的混乱的态势。

如果对利比亚再次进行军事干涉，至少要回答两个重要的问题：干涉可能吗？干涉能够解决问题吗？自卡扎菲倒台以来，利比亚的革命后政府和利比亚人民希望得到国际社会的帮助，但是对派遣维和部队之类强制性制造和平与维持和平的举措保持了高度警惕，也就是说，利比亚国内并不想再次见到来自外部力量的军事干涉。对于国际社会来说，一个有效的军事干预至少需要联合国安理会的授权、地区大国的合作、强有力的空中力量资源以及数万地面部队等。这种先决条件在当前也看不

第五章 利比亚国家重建的特点与前景

到实现的可能性。

更为重要的是,干涉真的能够解决问题吗?利比亚目前的困境已经清楚地表明,北约在 2011 年对利比亚的干预在很大程度上是不必要的。北约的干预给利比亚带来了新的人道主义灾难,也放大了利比亚的恐怖主义的威胁。

由于利比亚的外部干涉不可避免地掺杂某些干涉方的私利,因此,外部势力的不恰当干涉反而可能会进一步恶化利比亚的局势,进一步扩大冲突。外国军事干涉本身不但无法解决问题,而且会增加恐怖主义活动,致使利比亚局势因外国干涉而变得更不稳定。

利比亚的未来充满了不确定。尽管利比亚的革命唤醒了长期被卡扎菲压抑的多样化的地区和民族认同,但是未来没有任何一种力量能够主导利比亚,将利比亚撕裂。利比亚的国家认同非常难以定位,更多地依靠共同的血缘、习惯和风俗,而不是共同的机制和敌人,但是也具有很强的弹性,能够容纳和吸收足够的分歧。如果利比亚能够发展出一种有韧性的包容制度,能尽可能包容各种不同,那么,利比亚的前途是光明的。

展望未来,如果利比亚"过渡委"制定的路线图能够完全实现,不断进行制度建设,解决好石油和天然气收入问题，逐步建立统一的军事力量并提供有力的安全保证，并致力于促进民众国家认同的培养，真正实现民族和解，那么利比亚将成为北非国家的典范。而如果利比亚执政当局不能提供安全环境，难以解决政治矛盾和地区纷争，无法促进经济建设和转型，利比亚可能陷入分裂，长期处于无政府状态，甚至成为极端主义者的避风港，成为一个极不稳定的国家。

长期来看，如果利比亚人民有足够的政治勇气和想象力，设计出适合利比亚国情的制度，这个国家有可能曲折地、缓慢地走上稳定和发展的道路。

后　记

　　冲突后重建的问题一直是国际关系中一个古老而全新的话题。笔者对冲突后重建的兴趣源于《世界博览》上一篇关于伊拉克重建模式分析的文章。后来，在做博士学位论文的时候就选择了美国在海外的国家重建行动作为自己的研究方向。参加工作以后，尽管由于工作或者申请课题的需要也从事了一些其他方面的探索，但是对国家重建问题的研究却一直没有中断过。

　　2011年，远在非洲的国家利比亚爆发了冲突，笔者也开始将自己的研究重点转向利比亚冲突后国家重建，并且持续了十多年。这本小书既是对利比亚冲突后十多年重建问题的一个总结，也是自己研究该问题的一个阶段性成果。

　　对外经济贸易大学的姜荣春副研究员通读了本书，并对各章提出了宝贵的意见。本书的部分章节也曾经在相关期刊上发表过。

　　本书得到了中央财经大学政府管理学院科研创新团

队支持计划项目（项目编号：ZG202103）、对外经济贸易大学北京对外开放研究院2021年首都高端智库决策咨询项目重大课题（项目编号：2021ZD01）的支持。

  本书能够顺利出版，要感谢的人很多。首先要感谢中央财经大学政府管理学院领导的支持和鼓励；其次要感谢世界知识出版社责任编辑的辛勤付出；最后，当然还要特别感谢我的父母和家人，他们一直给予我极大的理解和支持。

  由于时间与学术水平的限制，本书肯定存在这样或那样的不足，请大家多批评指正。

江涛
2023年5月